北欧＝幸せのものさし

障害者権利条約のいきる町で

薗部英夫

全障研出版部

はじめに

「この美しい場所は、だれのものなのでしょうか。だれのものでもないの。みんなのものよ」

生誕100年のフィンランドの児童文学作家、トーベ・ヤンソンの「ムーミンパパの思い出」にある言葉に北欧の深い思想を感じる。

＊

2011年3月11日、M9の巨大地震と原発大事故があった。できることは何でもやろうと、全障研など障害者団体も現地の人びとにこころをよせて、力をあわせた。

「ペナペナのボール紙でつくったような世界にいたことを、頭はまだ納得していなくても、身体は感じている。そして、今日の東京は不気味な雨が降っている」

当時のわたしのメールだが、基本的な状況はいまも変わっていない。

翌年の1月、デンマークのユトランド半島の訪問先では、「よく来たね！」「日本はだいじょうぶなのか？」「なにを協力したらいいか？」など、こころから歓待してくれた。現地でコーディネートをしてくれたアルヴィッドは「デンマークは日本を応援します」の障害者団体による3・11支援活動のリーダーだった。

デンマークはチェルノブイリの大事故から学んで脱原発の国づくりをはじめた。ドイツはチェルノブイリをはるかに越えるフクシマの大事故から考え脱原発を決めた。日本の現政権は再稼働反対の多くの市民の声に反して再稼働をすすめ、他国に原発を売り込もうとしている。その違いはなんなのだろう。

「幼稚園のときから相手と議論し、話し合ってものごとを決めることを学んでるよ」

民主主義の基本をアルヴィッドは笑いながら言っていた。

＊

幸福度世界一といわれるデンマーク。でも、ヨーロッパでも指折りの美しい街といわれたコペンハーゲンの印象はだいぶ変わってきている。落書きは塀だけでなく、ビルにも電車にも、いたるところで見かける。ゴミ収集には民間業者も入ったようだが、ゴミは多い。繁華街では白昼スリにあう。移民の受け入れは10％を超えた。スウェーデンのストックホルムの雑踏でも感じるが、「市場原理」を至上の価値とする「新自由主義」の荒波の中にある世界政治・経済と北欧の街もつながっている。

＊

「なにを求めて、この20年で10回以上も北欧を旅してるのですか？」

と聞かれることがある。

「こころの深呼吸のためです」につづいて、

「世界はすごく変わってて、北欧もすごく変わっている。とりわけ北欧は、決めたことにはすぐ着手し、問題があればすぐに修正する。でも、その変わる中でも、変わらないものがあり、それを見つめたいのです」

「小さな町の、そこに生きる障害のある人や関係する人たちから、だれもが幸せに生きられる〝幸せのものさし〟を感じたい」

＊

前著『北欧　考える旅　―福祉・教育・障害者・人生』は、それまでの旅で学び考えたことを２００９年春にまとめた。以降の北欧への旅は、ＮＰＯ法人発達保障研究センターが企画する北欧研修ツアーとして続けている。品川文雄同センター理事長は、この北欧研修ツアーの魅力を4点あげている。

①日本の障害者権利保障運動を中心となってすすめるという自覚のもと、今日的視点で、北欧の現状、施策、課題を見つめてきた。②行政担当者の解説やデータ紹介を聞くだけではなく、できうるかぎり、現場担当者の生の声、障害者本人の話を、その場で聞いて感じることを大切にしてきた。③デンマークやフィンランドに「定点観測地」をいくつか定め、

その変化を感じ、知るとともに、その意味を考えてきた。④旅の仲間たちが、訪問先で感じ、考えたことを率直に語り合ってきた。それによって、互いの学びの視点を深めてきた。

本書は、そんな北欧研修ツアーの学びの成果と課題をもり込んで構成している。Ⅰ　住まう、Ⅱ　学ぶ、Ⅲ　はたらく道らく、の大きな3つのテーマに迫っていきたい。

参考資料として、「障害者権利条約批准への歴史と今後の課題」を付録した。権利条約の訳は公定訳を使用した。この間、障害者自立支援法違憲訴訟の勝利的和解（2010年）と、障害者権利条約批准にむけた制度改革議論がすすめられた。わたしは任務としてほとんどの場に同席し、記録し、情報を発信してきた。

*

成田空港を発って9時間半。

「天空の城ラピュタ」のような白く厚い雲の下に、フィンランドの森とたくさんの湖が広がってきた。

池添素さん（全障研副委員長）からケータイにメールが入った。

「混沌とした日本の現状に、希望のモデルを提示することはとても大事です」

目次

学ぶ

はたらく　道らく

付録

カバー絵＝深井せつ子（北欧画家）「幸せの馬と子どもたち」

写真＝薗部英夫

北欧＝幸せのものさし
MAP

フィンランド FINLAND

人口：543 万人／面積：33.8 万㎢／首都＝ヘルシンキ（人口 61 万人）／政治：共和制・一院制議会、中道左派 4 党連立政権／通貨：EUR（ユーロ）約 140 円／失業率：8.2 %／宗教：プロテスタント、正教会

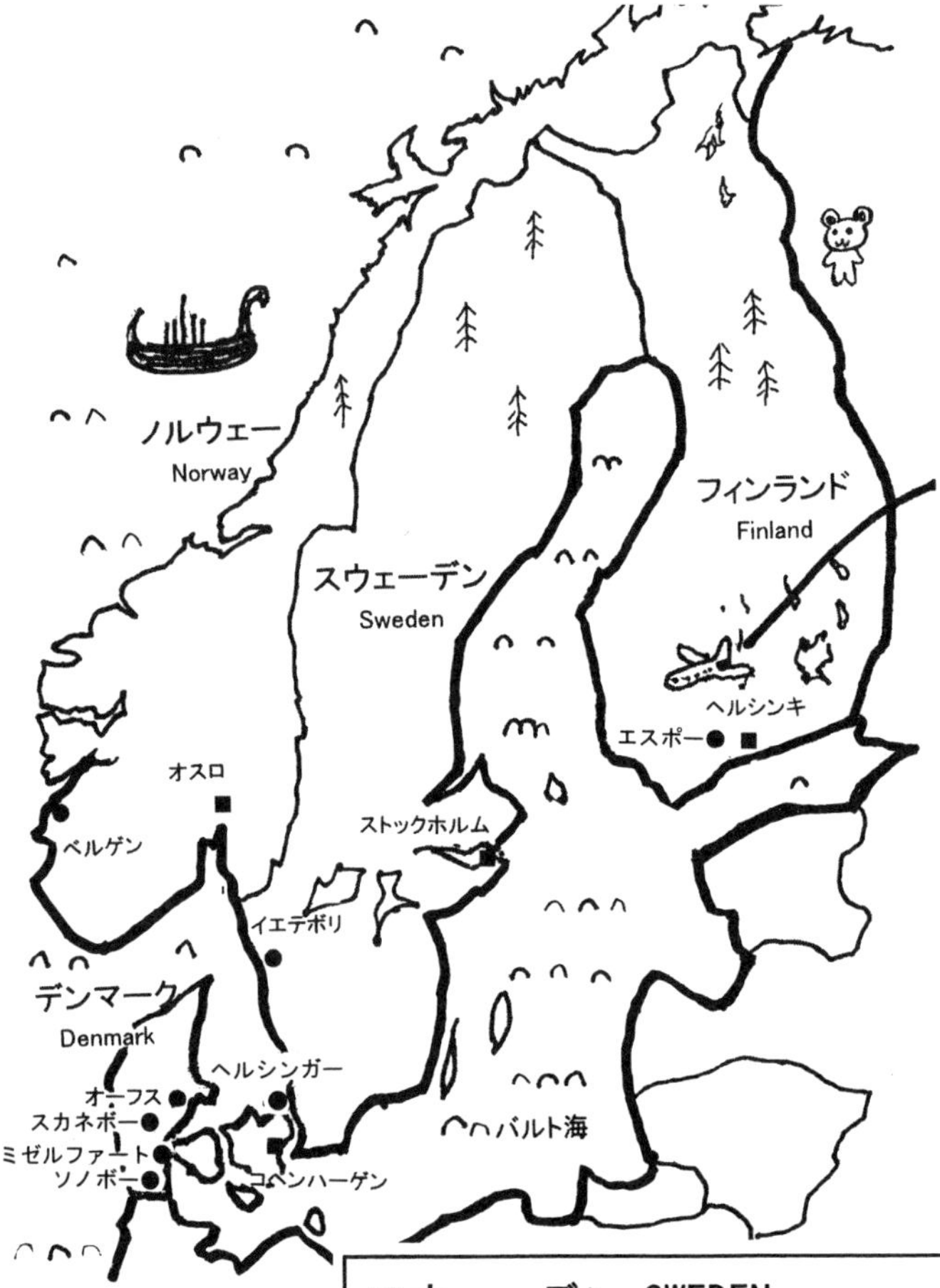

スウェーデン SWEDEN

人口：968 万人／面積＝ 45 万平方キロ（日本の 1.2 倍）／首都＝ストックホルム（人口 88 万人）／政治＝立憲君主制、一院制議会、左派少数連立政権／通貨：SEK（スウェーデン・クローネ）約 16 円／失業率＝ 8.0 %／宗教＝プロテスタント

デンマーク DENMARK

人口：563 万人／面積：4.3 万㎢（九州とほぼ同じ）／首都＝コペンハーゲン（人口 70 万人）／政治：立憲君主制・一院制議会、中道左派連立政権／通貨：DKK（デンマーク・クローネ）約 20 円／失業率：7.5 %／宗教：プロテスタント

住まう

1 クロンボーフスの20年

「やっぱり！　ここは20年前に訪問した〝クロンボーフス〟の跡地に、２年前に新しく建てられた複合施設なんですって！」

通訳の田口繁夫さんが教えてくれた。

ミモザに似た黄色い花と緑の樹々。シャクナゲの群生も美しいこの場所は、①知的障害がある高齢者のケアセンター、②重い障害があり24時間ケアを必要とする人のセンター、③８つの独立したアパート（住宅）、④余暇活動センターでもある。

「この町では、重度の人たちは〝クロンボーフス〟で暮らすか、ここの24時間ケアセンターやアパートに住んでいます。24時間対応の在宅ケアも充実してますよ」

◇◆◇

デンマークのヘルシンガー自治体。首都コペンハーゲンから北へ車で40分。シェイクスピア作「ハムレット」の舞台・世界遺産＝クロンボー城のある人口７万人の町だ。

ベッチーナといっしょ

一人ひとりの顔が見えるような町を「定点観測地」の一つとして、この20年ほどのうちに6度足を運んでいる。

93年、〝クロンボーフス（クロンボーの家の意味）〟をはじめて訪問したときは、大きな精神病院跡にある入所施設だった。23歳～68歳の障害者24人が暮らしていた。

２００４年、町の中心地に新築・移転し、木をふんだんに使ったとてもモダンな住宅（グループホーム）になった。

北欧の「脱施設化」は、手厚いケアのあるこうした住宅を「施設」とは呼ばず、それぞれの住まいである「家（フス）」にしようとするとりくみだ。

「ベッドルームとリビングの２部屋に、台所とトイレ・シャワー、ミニキッチン付き。一人あたり共有部分含め65㎡」というのがデンマークの建築基準法に定められた住まいの基本だ。生きていくために必要な住まいの保障は、障害の有る無しにかかわらず、すべての人の権利だ。

こうした住宅施策は、１９２０年代から政治の最重要課題となった。そして、女性の社会進出、高齢化の進展など社会情勢の変化に応じて、まず高齢者に独立した住宅が環境整備されていった。

１００年前、障害者は、家族や社会から捨てられ、５００人も収容できる巨大な施設で、職員も少なく、教育も受けることなく、ベッドに縛りつけられていた。しかし、１９６０

93年当時のクロンボーフス入口。
精神病院の門が残っていた。

年代からのノーマライゼーションの運動によって、大規模な施設ではなく、より小規模な、自由やプライバシーが尊重されたそれぞれの住まい、「家」としての生活が追求された。76年に生活支援法、98年には社会サービス法が成立し、「特別なニーズと配慮」が位置づけられた。

一方、日本ではどうだろう。住宅は「私的財産」であって、人生最大の「商品」となっている。終身雇用制が瓦解しても、それを前提とした何十年にもわたる巨額な住宅ローンは定年退職後もつづく。公営住宅は政策的には、住まいの保障ではなくあくまでも貧困対策の一助でしかない。

北欧と日本の違いは、なぜなんだろう。

◇◆◇

ベッチーナは現在のクロンボーフスの副施設長だ。

グループホームの中を案内していると、なかまのみんなが、嬉しそうにつぎつぎとベッチーナのところにやって来る。

居住者は21人。平日の日中はみんなは作業所やデイセンターなどで活動している。

支えるスタッフは1ユニット6人体制が基本で3ユニットあり、施設長、副施設長他1人で合計21人の体制だ。勤務時間と体制は、6時半～14時半の間が2人体制。14時15分～22時の間も2人で、夜間は1人体制だ。

59年　知的障害者及びその他の発達遅滞者の福祉に関する法律（基本にノーマライゼーションの思想）

76年　生活支援法（ノーマライゼーションとインテグレーションの考え方の政策へ）

98年　社会サービス法（障害者を支援を受ける対象ではなく主体として位置づけた）

上＝イチゴをみんなで世話しています
下＝スタッフのみなさん

上＝クロンボーフスの住人のみなさんの部屋で
下左＝バスルームもある
下右＝廊下をかけてくるなかま

「ここに勤めて、良かったことは何ですか?」とベッチーナに聞くと、

「一つは、専門教育を活用することができること。そして、そのボーナスとして入居しているみんなから、生きる喜び、生きる力をもらってる。それが一番かな」

「副施設長として、夏休みの休暇はどうしてるの?」

「作業所には1週間の閉所期間がある。入居者は2~3週間帰省して家族とすごす。スタッフの夏の休暇時期の確保をめぐっては、ジグソーパズルのようで、1月1日から必死で調整していますよ」

「私は7月中に3週間。夫、子ども、イヌと小さなサマーハウスで過ごします」

彼女の笑顔がさわやかだった。

◇◆◇

北欧をはじめて旅したのは、1993年の秋。わが家にとっては結婚後6年遅れの「新婚旅行」だった。

当時3歳だった娘はいまは成人して独立し、日本のペタゴー(生活支援員)として、重い障害のある人たちが生活する施設で働いている。

歳月は瞬時に駆け抜けていくけれど、時間は優しく、確かに時を刻んでいる。

デンマークの有給休暇
有給休暇は6週間で、夏休みは3週間続けて取得する権利がある。2月下旬冬休み、10月中旬に秋休み、クリスマス時期などまとまった休暇もとる。
法定労働時間は週37時間。残業はしない。労働組合加入率は80%を超える。

ペタゴー(生活支援員)
障害者や高齢者の支援員、保育園や学童保育の保育士、青年余暇クラブの指導員、精神障害者センターの支援員など。デンマークでは養成学校で3年半学ぶ。

今日もいい天気（クロンボーフス）

2 なかまと生きる

ヴェステボはデンマークのミゼルファート自治体にある。障害のある人たちの住まいと日中の活動の場だ。町の郊外、牧草地が続き、ゆるやかな丘に風力発電の大きな羽が回っている。

施設長のトーベンは、映画「ダイハード」の主役を若くしたような容貌だ。

「ここには22人（18歳から91歳、平均47歳）がそれぞれの〝アパート〟で暮らしている。数年前にようやく完成した。スペースは「共有スペース」を多くして、みんなといっしょにいられる場所を特別大切に考えて設計したんだ」

「日中は、釣具や樽の色づけなどの作業をしている。みなさんは、障害者年金で生活し、住居費、光熱費、食事代を支払っている」

「施設運営には一人あたり一日１５００~１８００クローネが自治体から支払われる。ただ、町は財政縮小の方針で、今後２％カットが提示されている。職員２人分にあたるマイ

ヴェステボには楽しい雰囲気がある

ナス予算だ」

――障害者権利条約実現のための条件はどんなものだと考えてますか？

「ここに住む重度の知的障害のある人たちは、一人で服を着ること、食事することもむずかしい。スタッフがそうした生活やリズムを支えている」

「町中のざわざわした雰囲気より、自然や広い空間があって、のんびりとした時間があって、気の許せるなかまが必要だ」

「もちろん、町中にあるグループホームを希望すれば越していける」

「町中のアパートで一人で暮らしたい人は、ヘルパーを自分で雇って生活している」

保障すべきは、そうした本人の希望と選択に足る住まいの場と質なのだろう。

◇◆◇

ミゼルファートは、２００７年の自治体改革で近隣と合併して４万人の町になった。首都から西へ１８０キロにある。

町には、１８８８年につくられた大きな精神病院（７００床）があった。１９７６年から病院の廃止がすすめられ、地域精神医療がとりくまれた。現在、跡地には、歴史博物館、精神障害者作業所、ヘルパー養成校、一般企業のオフィス、そしてフリースクール（日本とは異なるもので私立学校にあたる）もある。

博物館では歴史のリアルな展示

精神障害のある人たちが暮らすアパート＋生活支援センターを訪ねた。3階建て12戸の集合住宅だ。自治体の集合住宅群のなかに彼らのアパートがある。

1987年にスタートした。1階の生活支援センターのスタッフは5人。週4日間は2人体制で、週末は1人で勤務している。夜間はだれもいない。緊急の際には住人みんなで支えあう。スタッフが質問に答えてくれた。

「私たちは、ときどき、必要なときに支援します。〝指導〟ではなく、家族や友だちの視線での支えです。自分たち自身の価値観がだいじですから」

「1階のセンターはみんなの〝居間〟です。いっしょに何かをすることを大切にしています」

「週末はゆっくり、みんなで、楽しめるような、食事づくりをしてます」

住人の一人も語ってくれた。

「一人で住んでいたらさみしさから抜けられない。ここなら、みんなと何かをいっしょにできる実感がある。だから、生きられる」

◇◆◇

住人のハンスが自分の部屋を案内してくれた。シックなトーンの素敵な部屋だ。棚の上には、笑っている子どもたちの写真があった。

「それは、ぼくが支援（里親）してるナミビアの子たちだよ。今は手紙だけのやりとりだ

アパートのハンスの部屋にむかう

ハンスの部屋

けど、いつかどこかで会えたらとても嬉しいな」

ハンスは、この小さな町で、仲間たちとこころ穏やかに暮らし、同時代に生きている南西アフリカの紛争地帯の子どもたちの悲惨な状態を知り、学び、考え、支援を実践している。

彼の障害者年金は、同年齢の市民と同じ失業手当と同額の年額約３００万円。安定した暮らしの裏付けがある。気のおけない仲間がいる。そして、ハンスは地球の片隅に生きる子どもたちの安寧を思いやっている。

◇◆◇

スウェーデンのストックホルムで精神障害者センターを訪ねたことがある。

バルデルは、１９８５年にスタートした「だれでも来れる場、居場所」だ。

チェスやカード遊び、みんなで食事することもあれば、テレビやビデオをみる部屋、パソコン利用も自由、洗濯もでき、シャワーも使える。郊外にみんなでピクニックに行くこともあり、偲ぶ会にも使っているという。

月曜日は13時～20時まで、火曜日から金曜日は8時～16時まで利用できる。週1回は夜遅くまで開いているそうだ。約２００人が利用している。

「自然に自立していく。自分から動き出すことを待っています」

「要請があればドクターやナースと連絡をとるが、本人の意志が基本です」とスタッフ。

アパートの前で

バルデルのある建物は150年前、孤児院としてつくられた。以降子ども病院、精神病院となり、1970年代からの精神病院解体のなかで「バルデル」が発足した。階段を女性たちがかけ登っていく。その先には広い中庭があり、子どもたちの歓声も聞こえていた。3年前、音楽学校が敷地内に越してきたのだそうだ。インクルージョン（排除しない）の街だ。

■障害者権利条約　第19条　自立した生活及び地域社会への包容（部分）

この条約の締約国は、全ての障害者が他の者と平等の選択の機会をもって地域社会で生活する平等の権利を有することを認めるものとし、障害者が、この権利を完全に享受し、並びに地域社会に完全に包容され、及び参加することを容易にするための効果的かつ適当な措置をとる。この措置には、次のことを確保することによるものを含む。

（a）障害者が、他の者との平等を基礎として、居住地を選択し、及びどこで誰と生活するかを選択する機会を有すること並びに特定の生活施設で生活する義務を負わないこと。

（b）地域社会における生活及び地域社会への包容を支援し、並びに地域社会からの孤立及び隔離を防止するために必要な在宅サービス、居住サービスその他の地域社会支援サービス（個別の支援を含む。）を障害者が利用する機会を有すること。

（c）一般住民向けの地域社会サービス及び施設が、障害者にとって他の者との平等を基礎として利用可能であり、かつ、障害者のニーズに対応していること。

音楽学校も同じ敷地内にある（バルデル）

3 ダニーとギッテの家庭

デンマークの西部にあるユトランド半島の中心都市・オーフス自治体（人口31万人）。軽い知的障害のあるダニー・ニールセン（43歳）とギッテ・イェンセン（50歳）夫妻は、郊外の静かな住宅地にある共同住宅の一角に暮らしている。夫妻は、キャンドルを灯して私たちを歓迎してくれた。嬉しそうに各部屋を案内してくれた。

２人にはそれぞれ障害者年金（早期年金）がある。２人合わせると年額約５００万円。これに住宅手当が加算される。銀行は〝自治体が約束する安定した収入〟をベースにして、住宅購入資金も融資する。信頼できる〝お客さま〟として金銭上の相談にも応じてくれるそうだ。

２人は家の近くにある「メディアワークショップ」で働き、仕事が終わると夕食は家で２人でつくって食べる。得意な料理を聞くと「豚肉のハンバーグ煮込みデンマーク風かな」と教えてくれた。

障害者年金（早期年金）
身体的、精神的、社会的な理由によって就労できないか労働能力が低下した者に支給される年金。単身者と夫婦もしくはカップルで金額は異なる。障害加算などは非課税でそれ以外は所得として課税対象。

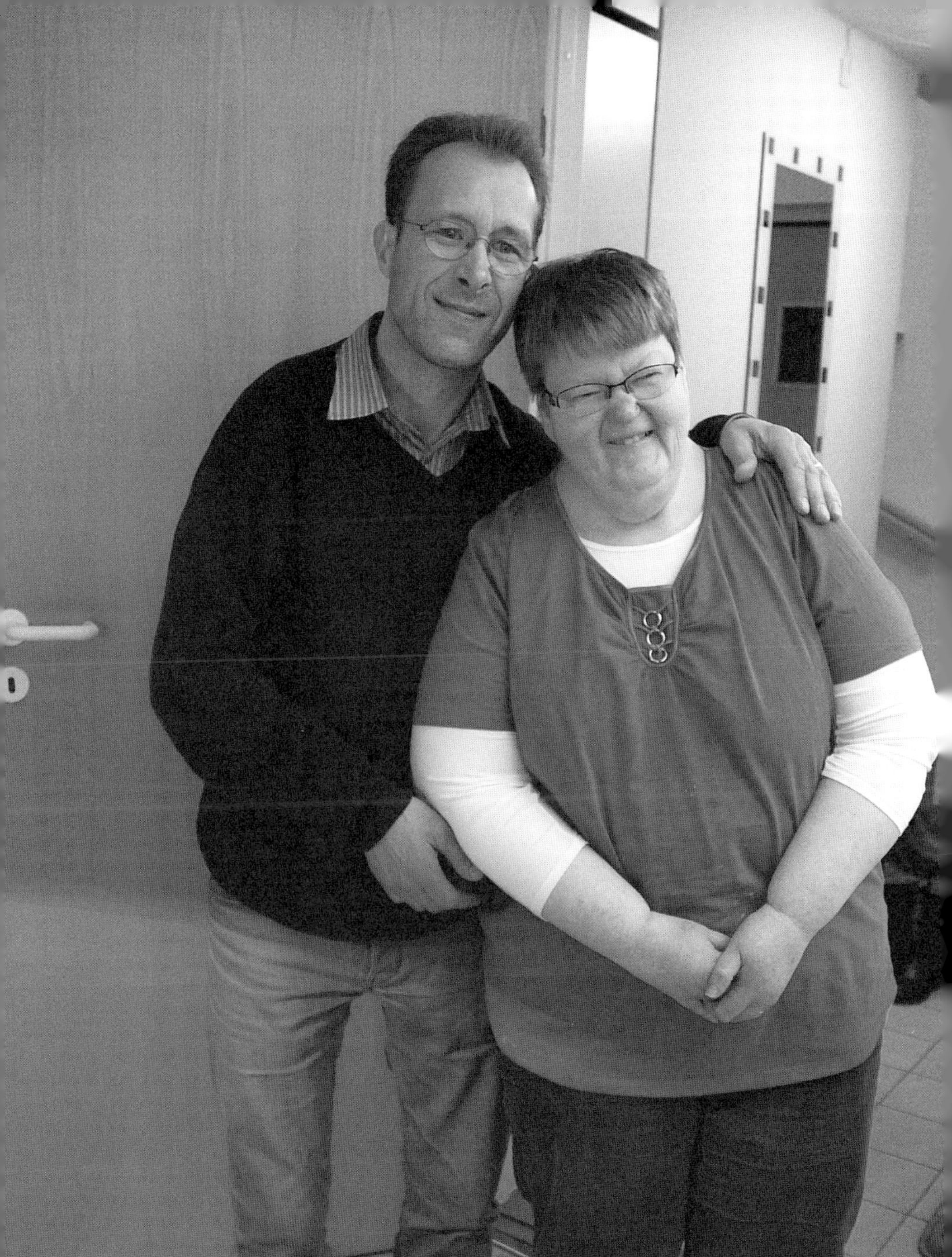

ダニーとギッチ

メディアワークショップの練習場で

メディアワークショップは、「ロックが俺たちの仕事だ！」と、音楽活動を仕事としてとりくんでいる障害のある人たちの仕事場だ。18歳から55歳までの20人が利用している。半数がプレーヤーで、半数はその活動を宣伝したり後方支援するメンバーだ。

責任者のブライアンがこの作業所の様子を解説してくれた。

「彼や彼女らはそれぞれ障害がある。自閉症といわれるドラマーは、ここの仲間たちと音楽をいっしょに演奏している時はとても積極的だ。最近メンバーに入ったボーカルの素敵な彼女は、精神障害がある。人気者のベースギターのダニーもいる。彼は知的障害があり、補聴器もつけている」

「われらのロックバンドの演奏料は５０００クローネ。公演ツアー用の大きな車もあるので、村の祭りとかイベントとか国内だけでなくヨーロッパ各地どこにでも行くよ」

「以前はオリジナル曲を歌ってたけど、反応はいまいちだった。最近はもっぱら〝懐メロ〟をやっていて大喝采さ。ホッカイドー、オキナワ、日本でやったコンサートツアーは最高だったたな。また、ぜひ、日本によんでよ！」

安定した暮らしがある。仲間といっしょに好きな音楽活動にとりくめる。そして、演奏ツアーに行けば少しは稼げる。

「ギッテはここでの先輩としてダニーの後方支援活動をして、年下の彼のハートをしっか

◇◆◇

メディアワークショップで

り射止めたのさ」

◇◆◇

スウェーデンのイエテボリで、当時32歳の身体障害のあるホーカンの自宅に招かれたことがあった。より重い身体障害のあるトーリーと婚約中という彼は、「僕が朝ベッドから起きるには介護が必要だ。彼女と夜を過ごした朝は、僕と彼女とたくさんの介護者がやってくる」と笑って言っていた。

ホーカンは、一人の人間が質の高い生活を送るためには、①快適な住居、②好きな仕事、③教育、④余暇などレジャータイムが必要だと強調していた。

幸せを「今日」感じられること。「明日」もこの日が続くだろうと思えること。そんな小さな「希望」が、北欧の町を訪ねていると感じられる。

■障害者権利条約　第23条　家庭及び家族の尊重（部分）

1　締約国は、他の者との平等を基礎として、婚姻、家族、親子関係及び個人的な関係に係る全ての事項に関し、障害者に対する差別を撤廃するための効果的かつ適当な措置をとる。この措置は、次のことを確保することを目的とする。

（a）婚姻をすることができる年齢の全ての障害者が、両当事者の自由かつ完全な合意に基づいて婚姻をし、かつ、家族を形成する権利を認められること。

オーフス市庁舎にある大壁画

生まれた子どもを真ん中にして、家族が、学び働く青年たちが地域社会を支えている

4 大規模施設・スーロンの今

厚生労働省は、施設から地域生活への移行促進として、①施設入所者の12％以上を地域生活移行、②施設入所者を４％以上削減という数値目標を検討している。ノーマライゼーションやインクルージョンをきちんと反映するという。でも、減らすだけでいいのか。

◇◆◇

デンマークのスカネボー自治体にある大規模居住施設＝スーロン。町の人口は３万人。氷河の跡の湖や沼が多い。町全体が美しい絵のなかにあるようだ。その湖の畔、東京ドーム5個分の25ヘクタールという自然公園の中に、14ブロックに分かれた共同住宅がある。18歳～92歳までの重い知的障害のある２３５人が暮らしている。スタッフは７００人（生活支援員や看護師＝５５０名、医師やＯＴ（作業療法士）、ＰＴ（理学療法士）等医療チーム40人など）。デンマークで唯一となった大規模施設だ。３度目の訪問となる。

２００１年、年輩の施設長・マウリッツは言った。

スーロンは楽しい音楽療法中

上＝ボールプールの中でゆったりと
下＝イルカが巨大な映像でせまってくる（スヌーズレン・ハウスで）

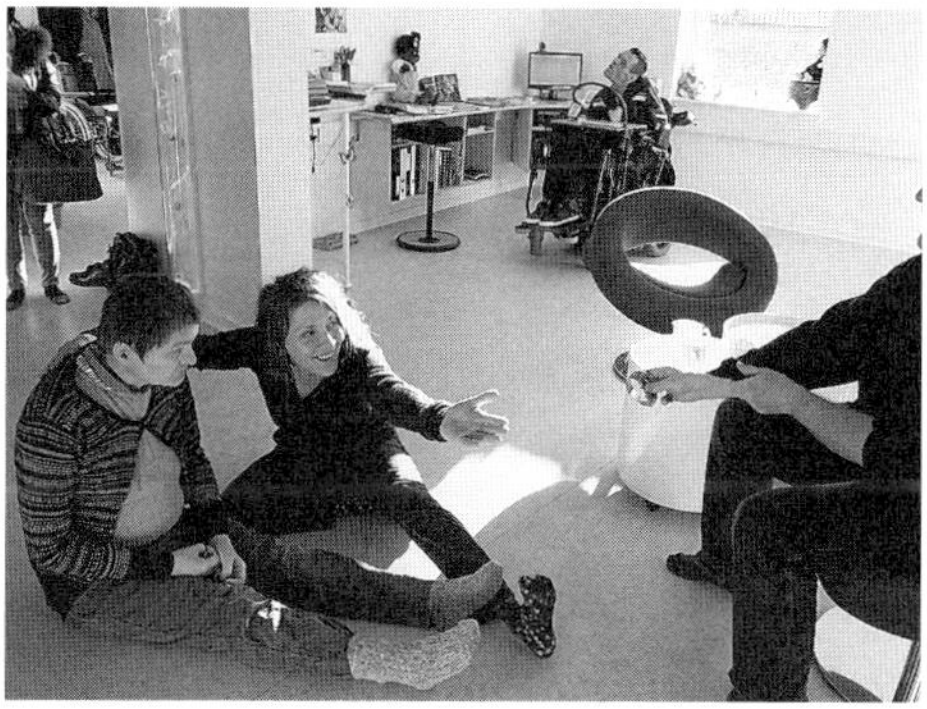

上＝乗馬はとても好評だ
下左＝スーロンの案内図
下右＝感覚の訓練中

「デンマークで大規模施設は5つ。ここが最大だ。最後の恐竜だ。大規模施設は解体される。しかし、けっして消えてしまうことはない」

「ここに長く暮らしている人たちは自閉症や知的障害のきわめて重い人たちだ。同じような人たちで、それぞれの可能性を見つけて暮らしていくことを望んでいる。プライバシーは守られ、緑の自然がある」

◇◆◇

２０１２年春、迎えてくれた施設長は、若い女性のロネにかわっていた。

素敵なデザインで快適なバリアフリーの共同住宅棟がどんどん増えている。そこでは65歳になる盲ろうの女性が自分の部屋で暮らしていた。彼女は、温水プールも乗馬も楽しむそうだ。それができるスタッフ体制が圧倒的だ。

「設立は１９３５年。最大時５５０人の入居者にスタッフは１００人でした。当時は６人部屋です。70年代に改築され２人部屋に、そして80年代に１人１室に、共同スペースも設けました」

「現在は、14ユニットの共同住宅を基本に、温水プール、音楽セラピー、乗馬、スヌーズレン・ハウスもあります」

「国の障害者問題の研修センターでもあり、研究者12人が活動しています」

「みなさん安心して暮らしていますが、どうしても閉鎖的になるので、町の人がなるべく

スヌーズレン
光、音、におい、振動、温度、触覚などさまざまな感覚刺激空間を使って、楽しみや安らぎを共有する実践。

ここにやって来るよう、夏至祭には大きな焚き火会場になります」

２００７年の行革で運営は県から自治体に移った。スーロンは町の予算の３％を使う。でも、居住者の９割は他の自治体出身なので、「経費はすべて生まれた自治体が負担する」原則から、町にとって大きな収入源になっているそうだ。

「10年前の〝絶滅する恐竜〟状態から、何が変わったのですか?」と質問した。

「ノーマライゼーションの流れの中で、〝大規模施設は止めよう〟と施設や精神病院を解体しました。スーロンも20年前に廃止が決まっていました。でも、居住している知的障害の重い人たちの大半は町なかでの生活はむずかしい。それを理解してもらって、廃止は撤回され、存続することになりました。その後、どんどん充実してきたのです」

自慢のスヌーズレン・ハウスを見せてもらう。光、音、触感、香りなどに刺激されゆったりとした時間が流れる。想像を越えるまさに「国家的プロジェクト!」のなせる技。心と体が解放される時空間があった。

＊

２０１４年の秋、ベテランの副施設長トリーネが言った。

「専門的なケアの継続性を保つためには、ある程度の規模も必要です。最近では１００人ほどが利用する新しい居住型がつくられはじめています」

「今は、安心できる環境のなかで、一人の人間として尊厳を持って生きていけるところだ

スーロンは、保育園児の散歩コースにも

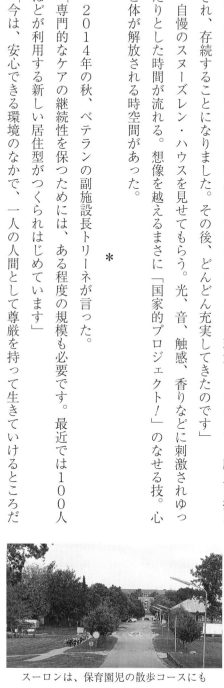

とわかって、入居希望がたくさんある」

「デンマークの制度はすばらしい。施設で暮らす障害の重い人たちにとっての意味を確認して、改善に改善を重ね、今日につくり変えてきた。でも、実践は私たち負けていないわ」

２０１２年の旅をいっしょした新井たかねさんが言った。重度重複障害のある娘の育代さんは、障害者自立支援法違憲訴訟の元原告だ。

◇◆◇

*

育代さんが暮らす施設の朝。

着替えを終えるとウッドデッキで太陽を浴びる。リビングに行くと魚の焼ける匂いや野菜を切る音がする。食事はスプーンを鼻に近づけてから。そして、なかまや職員は彼女の表情を見て、好きなもの、苦手なものを感じる。より困難がある人の暮らしにみんなが関わり、集団の宝物にしている。

そうした実践と運動で一つひとつ日本では制度をつくってきた。

しかし、政府のいう「脱施設化」で、希望する社会サービスや支援を得ながらの安心した地域生活ができるでしょうか。「集団生活から個人の生活へ」「施設のような規制の多い生活から少ない生活へ」「依存生活から自立生活（自己決定）」などのスロー

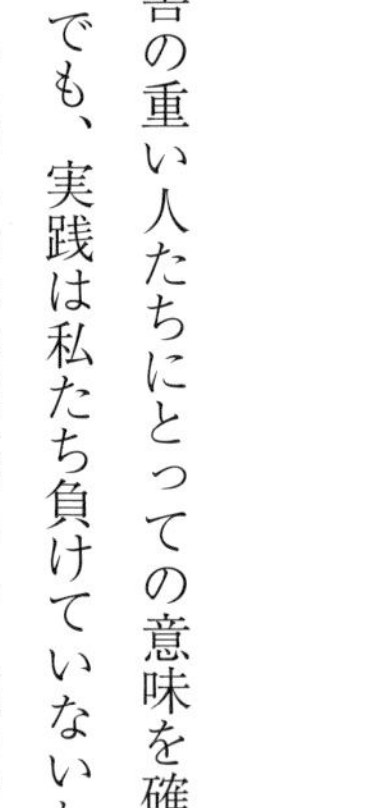

みぬま福祉会30周年記念刊行委員会『みぬまのチカラ ― ねがいと困難を宝に』全障研出版部（２０１４）

障害者自立支援法違憲訴訟

障害を理由とする支援サービスの一割を強要する「応益」負担は、生存権や幸福追求権の侵害であり、憲法に違反すると２００８年10月31日に提訴され、全国14地裁に71名の原告が訴えた。

２０１０年１月７日、国（厚労省）との基本合意を締結し、勝利的に和解した。

ガンは、「施設」から「地域」に移行することで解決できるのでしょうか。

（『みぬまのチカラ』より）

世界基準の障害者権利条約を批准した今、「削減のみ」の数値目標だけでなく、暮らしの実態と財政に裏付けられた総合的、かつ抜本的な施策が必要だ。

■障害者権利条約　前文（部分）

この条約の締約国は、

（c）全ての人権及び基本的自由が普遍的であり、不可分のものであり、相互に依存し、かつ、相互に関連を有すること並びに障害者が全ての人権及び基本的自由を差別なしに完全に享有することを保障することが必要であることを再確認し、

（m）障害者が地域社会における全般的な福祉及び多様性に対して既に貴重な貢献をしており、又は貴重な貢献をし得ることを認め、また、障害者による人権及び基本的自由の完全な享有並びに完全な参加を促進することにより、その帰属意識が高められること並びに社会の人的、社会的及び経済的開発並びに貧困の撲滅に大きな前進がもたらされることを認め、

次のとおり協定した。

アルヴィッドは「デンマークは日本を応援します」の障害者団体による３・11の支援活動のリーダーだ。

デンマークはチェルノブイリ原発の大事故後、１９８５年に脱原発を決め、現在風力、バイオ発電などが20％を超え、エネルギー自給率は１４０％をこえている。

アルヴィッドとTシャツ

5 障害と支援

「障害者が学校へ行き、労働をし、適切な住宅を持ち、サークルや社会生活に参加するなど、可能な限り一般の人々と同じようにノーマルに、そして他の人々とともに暮らせるように計っているのはコミューン（自治体）です」（スウェーデンの中学教科書『あなた自身の社会』より）。

それぞれの自治体は、どのように障害を認定し支援しているのだろうか。

◇◆◇

ソノボーは「南の城」という意味で、デンマークとドイツ国境に近い人口7万人の町。知人のゲオ・トマセンが特別養護老人ホームの施設長として赴任している。彼の人脈は豊富なので、現場の最前線の人たちから直接話を聞いた。

質問は2つ。

ゲオのいる特養で

①障害者の要望をどのように客観化して障害程度を判断し、支援内容、時間をどう決めているのか？

②現場担当者が支援内容、時間を判断できる権限はどこまであるのか？

障害の重い子どもたちの施設長で行政の責任者も兼ねるスティン・ハンセンが言った。

「査定のシステムはありません。施設やグループホームを利用していれば、何が必要か、何が提供できるかを職員とリーダーが決めます。在宅ならば、サービスの必要な時間を、自治体が何時間提供できるか決めています」

「デンマークでは、〝自分一人で生活できない人がいれば、公はその生活ができるようにするために必要なサービスを提供しなければならない〟と定められています。ですが、それをどう提供するかはそれぞれの自治体で違っているのです」

「福祉機器が必要となれば、その旨の連絡が自治体に来て、派遣されたＰＴ（理学療法士）が判定して、どういう機器が必要なのか割り出す。それを業者が届ける。費用は自治体が支払うというしくみです」

「障害があるために〝他の子と同じじゃない〟ならば、そのために必要なことはどんな支援なのかを現場担当者とリーダーは考えるのです」

「その人に〝どういうサービスが必要か〟から出発すべきです」

「現場の声が伝わらなければ、なにも決まらない」

障害者自立支援法にかわる新たな総合福祉法制を検討する総合福祉部会は２０１１年８月30日、55名の部会構成員全員一致で「骨格提言」をまとめた。

「機能チェックのいろんなテストもあるが、障害が重くなると使えない」とも話してくれた。

◇◆◇

考え方が根本的に違うんだ！

日本の障害認定システムは「できなさ」に注目する。「なにができないか」が問題だ。デンマークでは、「必要なことはなにか（＝ニーズ）」が最初にある。一人で生活するためには「なにが必要」か、そのために「なにを支える」か、同年齢の市民と同じスタートラインに立てるためにはどんな支援が必要か、と考える。

日本では、どうせ「できない」のだから、最低のことを「してやる」。費用は〝国が9割出してやるのだから、1割ぐらいは自分で払うか、家族が払え〟。そんな考え方が、天下の悪法・障害者自立支援法の底流には見え隠れしていた。

でも、障害者権利条約批准にむけて、制度改革推進委員会総合福祉部会がまとめた「骨格提言」は、支給決定は「ニーズ把握と支援」であると画期的な提言をしている。

◇◆◇

保健師であり、障害児の母であるキュックセンは、経験談を話してくれた。

「息子は9歳。水頭症です。仕事をつづけようと、9か月で障害児の保育ママに預け、2歳から特別保育園に。その後も、必要なときには保育ママが預かってくれた（費用はすべ

骨格提言「障害者総合福祉法がめざすべき6つのポイント」（部分）

【5】本人のニーズにあった支援サービス

障害の種類や程度、年齢、性別等によって、個々のニーズや支援の水準は一様ではありません。個々の障害とニーズが尊重されるような新たな支援サービスの決定システムを開発していきます。また、支援サービスを決定するときに、本人の希望や意思が表明でき、それが尊重される仕組みにします。

Ⅰ—3　選択と決定（支給決定）

【結論】

○新たな支給決定にあたっての基本的な在り方は、以下のとおりとする。

1　支援を必要とする障害者本人（及び家族）の意向やその人が望む暮らし方を最大限尊重することを基本とすること。

障害児の親を支えるさまざまな支援について語るキュックセンさん

2　他の者との平等を基礎として、当該個人の個別事情に即した必要十分な支給量が保障されること。

3　支援ガイドラインは一定程度の標準化が図られ、透明性があること。

4　申請から決定まで分かりやすく、スムーズなものであること

訪問保健師

親と子どもが病院から戻った1週間後に訪問保健師の訪問を受ける権利がある。

訪問保健師は、子どもを検査し、成長を記録し、さまざまな質問に答え、アドバイスする。

ほぼ同時期に数人の女性と母親グループがつくられる。

て自治体負担)」

「11人のいろんなケースワーカーと関わり、担当が来るたびに、最初から同じ話をしなければならなかったのは疲れたけれど、サービスを利用するには、親として自分がしっかりして、必要なことを必要な人に伝えていく能力を持たないといけない」

「そのため、働きつづけている親たちがいっしょにグループをつくって、自治体に意見書を提出している」

「今ある制度をよりよくしたい。親が闘わなければならないことはたくさんあるわ」

◇◆◇

ゲオが語ってくれた高齢者の場合。

「〝一人では暮らせなくなった〟と本人が自治体に連絡すると、本人、家族、担当医とで〝一人で暮らせない〟ことを判断する。市内12の高齢者センターの中から行きたい施設の利用希望を出して、調整して、最後は本人が暮らすところを決めて、引越すのさ」

程度区分のための「メジャー」はない。

デンマークにあるのは、一人ひとりの具体的な何がしたいのかというニーズ把握と支援だ。

スティン（左）とゲオ（右）

スポット 1 出生率の秘密

北欧を訪ねるたび、子連れの若いカップルがどんどん増えている感じがする。

デンマークの首都コペンハーゲンの繁華街。サングラスのお父さんが2人の子連れで自転車に乗ってやってくる（写真左）。

「幸福度世界一」といわれるデンマーク。合計特殊出生率は1・9を超えた。日本は、73年に2・08の人口置き換え水準を割ってから下がり続け1・37だ。

「母になるのにベストな国」はスウェーデン（写真下）がトップで日本は36位。

コペンハーゲン郊外のお宅を訪問したことがある。

脳性マヒと知的障害のあるアーニャ（当時15歳）を育てるスザンヌ（当時39歳）の言葉がこころに残っている。

「子どものことを心配しない親はいない。でも18歳になったら、この子は家を出てグループホームで暮らす。それがしあわせ」

アーニャの成人後、彼女はフルタイム労働に戻ったそうだ。2人にとって、それぞれの人生の

合計特殊出生率
一人の女性が一生に産む子どもの数を示す。年齢は15歳〜49歳までと規定。

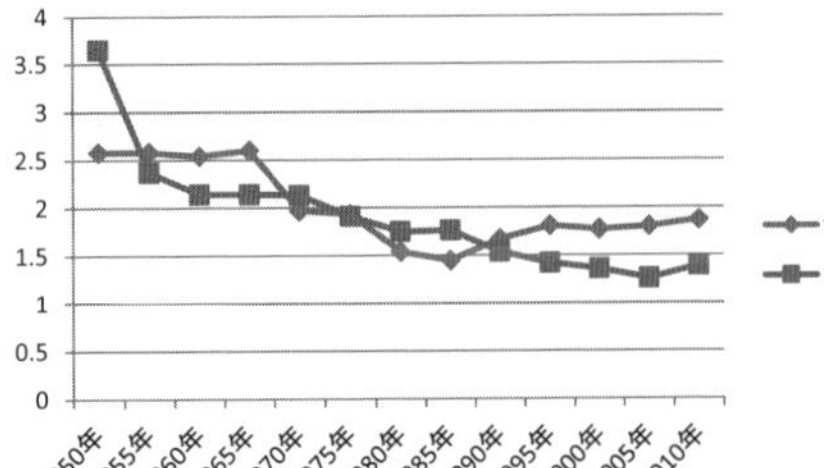

デンマークと日本の合計特殊出生率

フィールドが広がっていた。

＊

北欧の「福祉国家」の基盤をつくったのは女性の社会進出だ。スウェーデンならば、両親に合計480日間の育児休暇（390日まで給与80％支給）がある。6歳未満の子どもを持つ女性の78％が働き（日本35％）、管理職の31％が女性だ（日本10％）。子育ての環境が保障されることによって、労働力と国民所得増による高い税収が「高福祉」を下支えする。

そして、障害があれば、市スタッフの訪問、相談、指導があり、親の会が組織され、専門的な療育や保育を受けることができる。

就学前の教育の場で2年かけて就学の場を集団で検討し、就学後も親と教員、専門家が話し合って、場や内容の変更も可能だ。

障害のある子と同様に移民の子らへのそれぞれの母国語教育や補習授業は専門教員が教える。そうした社会のシステムが一人ひとりの困難を重層的に支えている。

北欧の暗く、寒く、長い冬は、豊かさにも変わるようだ。

デンマーク王立劇場前広場

コペンハーゲンの繁華街には無料スケートリンク場をみかける。

冬の北欧ではあちこちの広場にスケートリンクがつくられる。気温は旭川と同じくらいで寒い。

北欧は図書館が充実している
上＝ストックホルム市立図書館（スウェーデン）
下＝エスポー移動子ども図書館（フィンランド）

学ぶ

6 オーロラ小学校のインクルージョン

フィンランドの教育は、日本の1947年教育基本法に学び、①教育機会の平等（無償、障害者含めだれでもどこでも）、②現場への裁量権委譲、③学ぶ意欲を大切にすることを徹底している。

「フィンランドの現実は、わが国の子どもたちが置かれている今を変える方向性とその正当性をあらためて教えてくれる」と安藤房治さん（弘前大学、当時）が言った。

◇◆◇

「ダウン症児らと健常児がいっしょのクラスで学ぶインクルーシブ教育が前年からはじまった」と聞いて、エスポーにあるオーロラ小学校を訪問したのは2007年1月のこと。彼らは当時2年生。こうしたクラスは、「グループ・インテグレーション」と言われ、自治体でも実施は2校目で、「めずらしい」とりくみとのことだった。

音楽と演劇、パソコンが大好きだという当時52歳のヘレストローム校長は、全校集会で

オーロラ小学校５年生（当時）

北欧の義務教育制度

フィンランドは義務教育は9年間で小・中一貫の**総合学校**を広げている。

オーロラ学校は設立が古いため小学校として運営されている。一クラス24人。1～2年生は20人。

小学校に入学する前の1年間は6歳児を対象とした就学前教育が受けられる。入学を遅らせることも、希望すれば10年生としても在籍できる。

スウェーデンは義務教育は9年間で小・中一貫の**基礎学校**で学ぶ。一クラス22人。

義務ではないゼロ年生クラスがあり、実質的に10年制になりつつある。

デンマークは義務教育は10年間で小・中一貫の**国民学校**（ゼロ年生から9年生。希望すれば10年生もある）で学んでいる。一クラス28人。

演劇をとりいれた授業中（５年生）

エレキギターを弾き、メインボーカルの若い教師（クラス担任）たちとともに登場した。以後、彼らの授業を参観させてもらうなど交流を続けてきた。

「中学校へ進学した彼らはどう育っているか?」「インクルーシブ教育をどう総括して、なにを課題としたか」「自治体はどう評価しているか」。それが知りたい。

◇◆◇

フィンランドの首都ヘルシンキからバスで西へ約40分。美しい森と湖を越え、ノキア（携帯電話のトップメーカー）本社の近代的なビル群が見えるとそこはもうエスポー自治体（人口25万人）だ。

「やあ、やあ、やあ〜、よーおこし」

そんな感じの話しぶりで顔なじみの校長が首からたくさん鍵をぶら下げてやってきた。

＊

オーロラ小学校は、フィンランドではめずらしくなった小学校のみの古い学校で、356人が16のクラスで学んでいた。知的障害のある子が3人、視覚障害のある子が1人いて、教師は24人＋アシスタント4人＋インクルーシブ教育担当1人の体制だった。1クラスはこれまで、低学年24人、3〜6年生が32人だったが、今後は自治体毎に学級定数を決めると説明された。

彼らが5年生と6年生の年に参観したのは「シアター（演劇）授業」だった。

２年生のころ

手厚い体制（演劇教育が得意の教師と障害児担当の副校長のベテラン2人）のなかで、「幅広い発達段階の子どもを受け入れる許容範囲の広い授業」が行われ、学級集団の中で「障害のある子ども4人が受け入れられている」と品川文雄発達保障研究センター理事長は評価した。同時に、「彼らは授業のねらいに迫れるのか」と心配した。

◇◆◇

今回校長は、つぎのように話してくれた。

○インクルーシブ教育に10年とりくんでいる。1クラスに4人の知的障害児がいっしょなのはフィンランドでもはじめてのことだ。
○親の要望からはじまったが、目的は「クラスに仲間がいる」という考え方だ。
○2クラスを一つの大クラスとして運営したが、よく機能し、よい結果を得た。
○教師2名とアシスタント2人の体制で、6年間クラスも担任も変えなかった。
○大事なことは教員の確保だ。学校全体も理解し合う雰囲気を大切にした。
○しかし、中学校に進学した彼らは、この1年なかなか大変だった。中学は教科担任制だから、先生が授業毎に変わる。どうしても落ち着かない。学習内容も難しくなる。特別学級を基礎に交流をつづけるなど改善課題は多い。

エスポーでは、学齢児の4分の1がなんらかの特別な支援を受けている。学齢児の1割は特別な教育を受け、そのうちの3分の1が通常学級で学習している。各校に専門教員が

4年生のころ

砂場で

校長はいつもエネルギッシュだ

配置され、４５０人の支援員がいる。

自治体の教育委員会を訪ね、責任者のカイサにインクルーシブ教育の評価を聞いた。

「3校で実施している。オーロラ小学校は老朽化のため廃校となるが、後継となる総合学校（小・中学校）でもこのとりくみをつづけたい」

現在進行形だ。

■障害者権利条約　第24条　教育（部分）

1　締約国は、教育についての障害者の権利を認める。締約国は、この権利を差別なしに、かつ、機会の均等を基礎として実現するため、障害者を包容するあらゆる段階の教育制度及び生涯学習を確保する。当該教育制度及び生涯学習は、次のことを目的とする。

（a）人間の潜在能力並びに尊厳及び自己の価値についての意識を十分に発達させ、並びに人権、基本的自由及び人間の多様性の尊重を強化すること。

（b）障害者が、その人格、才能及び創造力並びに精神的及び身体的な能力をその可能な最大限度まで発達させること。

2

（a）障害者が障害に基づいて一般的な教育制度から排除されないこと及び障害のある児童が障害に基づいて無償のかつ義務的な初等教育から又は中等教育から排除されないこと。

（e）学問的及び社会的な発達を最大にする環境において、完全な包容という目標に合致する効果的で個別化された支援措置がとられること。

エスポー自治体の教育担当者

7 特別学校と統合教育（インテグレーション）

「子どもたちは教育を受ける権利がある。大人は教育を保障する義務がある」と校長のアラン・コルテスンが言った。

デンマークの西部・ユトランド半島にあるオーフス自治体は、コペンハーゲンから空路40分。空港から町中まではバスで40分爆走する。人口は約31万人。デンマークで2番目に大きい街だが、「世界で最も小さな大都会」といわれている。2校ある障害児の特別学校の一つ、ステンサーゲル・スコーレンを訪ねた。

ここには7歳から16歳までの重い知的障害のある子どもたち225人が学んでいる。24人には重複障害があり、54人が自閉症やADHDなど。職員は220人で、教師70人、ペタゴー（生活支援員）70人、PT（理学療法士）、ST（言語聴覚士）、音楽、心理、視聴覚教育の専門家がいる。手厚い人員配置だ。生徒のうち150人は学童保育も利用している。

統合教育（インテグレーション）

「健常者と障害者を同じ場所で教育すること」がインテグレーション（統合教育）ではない。

「場の統合」を実現しながら、それぞれの特別なニーズと障害や発達をていねいに検討して実践することが北欧ではとりくまれている。

スキー旅行の相談中（6年生、後にアラン校長）

授業を見学すると、来週からはじまるノルウェーでのスキー旅行の話し合い中だった。すべての教室には介助用のリフトがある。「職員が腰を痛めないため、職員の健康を守るためです」

◇◆◇

デンマークでは、「単純に地域での教育や統合教育を良しとするのではなく、より専門的な知識に基づき、障害児の個別的な教育ニーズにあった特殊教育を行うべきだという声が高まって」「障害の種類と度合いに応じて、多様な特殊教育が設置されるようになりました」と現地在住の長い片岡豊さんは、85年から20年間の変遷を報告している。

北欧では、デンマークに限らず、「場の統合」を重視しながら、それぞれの特別なニーズと障害や発達をていねいに検討しながら教育実践がされてきた。

フィンランド・ヘルシンキ郊外にある新興住宅地の総合学校（小・中学校）では、障害児のクラスの教科書は、それぞれ個別に工夫されていた。

スウェーデンの統合教育にとりくむ基礎学校では、3人の障害児をベテラン担任と若いアシスタントが、同一敷地内で独立した「学級棟」で教えていた。

1300人が学ぶストックホルム最大の高校を訪ねると、大学をめざす「標準コース（3年）」と「専門コース（4年）」があり、商業、経理、秘書、家具職人、電気技術者、美容、音楽、ダンス、演劇、ホテル・レストランなどの専門コースがあった。100人の障

ストックホルムの基礎学校の中の特別クラス

全障研は、2010年3月「障害のある子どもの教育改革提言～インクルーシブな学校づくり、地域づくり～」を発表している。

○学校教育は、すべての子どもの差異と多様性、固有のニーズとアイデンティティを尊重するとともに、特別な

ヘルシンキの学校のクラスで

ニーズのある子どもには、すべての子どもに対する権利一般にとどまらず、合理的配慮（理にかなった条件整備）や特別なケア・サポートへの権利を保障する。（総論）

○市場競争的な学校選択でも、自己責任を強いる自己決定でもなく、必要かつ十分な情報と相談に基づき、子どもの最善の利益のために本人や保護者が納得・安心して就学先を決められ、学習形態や方法を要望できる体制をつくる。

○教育条件を抜本的に改善するために、通常の学級を小規模化するとともに、各学校の学級数ないし児童生徒数に応じて、コーディネーターの定数化、専門性のある支援スタッフ、心理士、福祉士等の配置を進め、全校的支援体制を確立する。

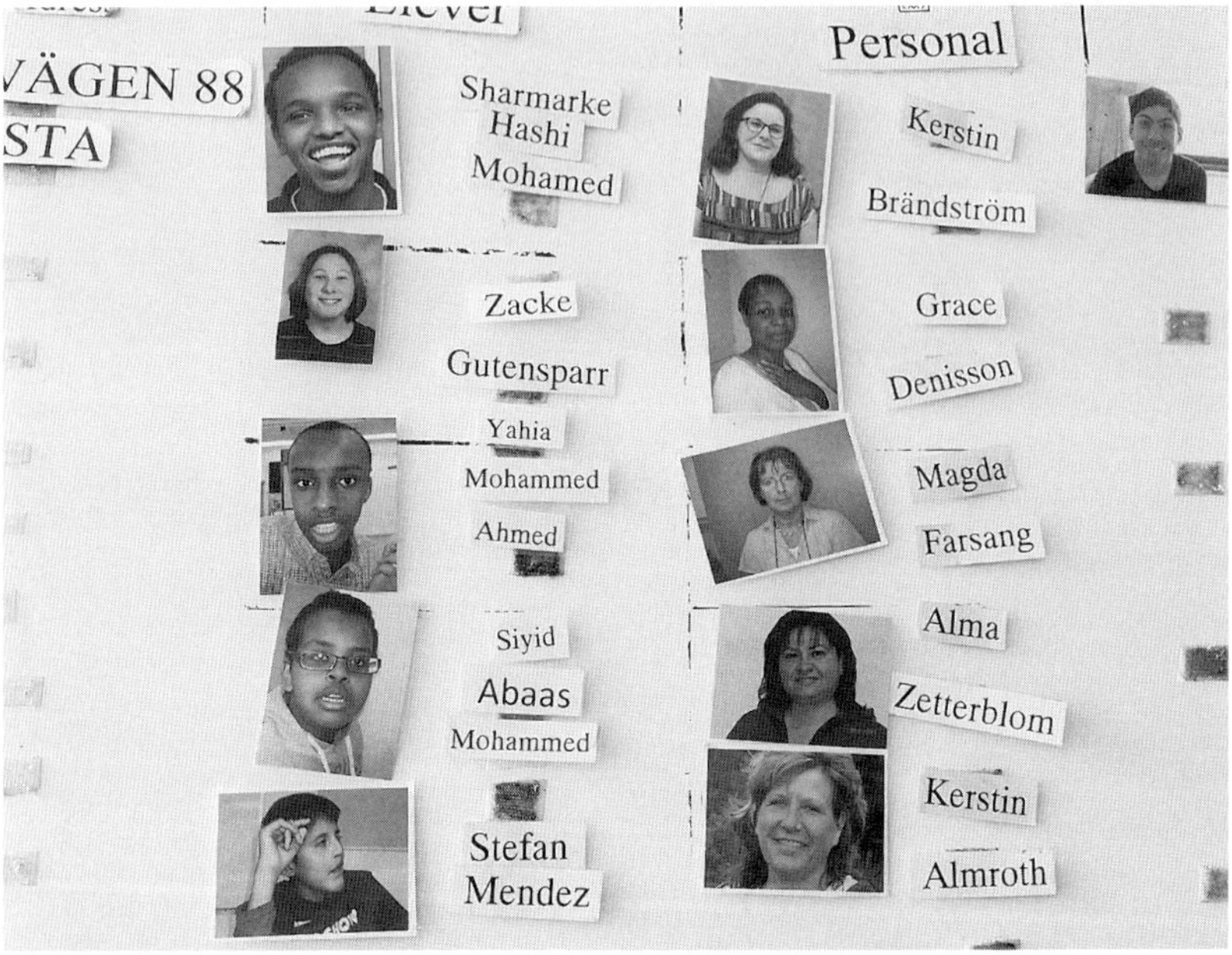

ストックホルムの1300人が学ぶ高校のクラスで

発達保障研究センター理事長で前全障研委員長の品川文雄さんの言葉だ。

「文科省は、とどのつまり、この国の障害児教育に責任を持って、抜本的に改善していく決意と確かな見通し（思想と実践力と財政）を持つ気があるのだろうか。現状の貧困な「特別支援教育」のわくの守ることに終始していないか」

害のある生徒は障害の程度や種別などに配慮された4つのクラスで学んでいた。

ストックホルム郊外の知的障害児の特別高校では、104人が60人の職員（教員25人、アシスタント25人、その他管理職等）のもと4年間学び、希望すれば2年間の教育期間延長も可能と聞いた。

◇◆◇

日本で焦点となっている「就学」についてオーフスの特別学校のアラン校長に聞いた。

○子どもの状態は生まれたときから自治体が把握している。自治体にはその子のための権利擁護者がいる。

○障害がある場合、①普通学校の普通クラス、②普通学校内にある特別学級、③特別学校のいずれかに就学する。保護者の希望が優先されるが、どういうコミュニケーションができるかをよく考えて就学先を考えている。

○子どもの成長、発達は入学後もたびたびチェックしている。1年に1度会議がある。保護者は学校も就学先の「再申請」をすることができる。

「親が普通クラスでの教育を望むことはある。子どもにとって、それが良いかどうか、必ずしもそうではないこともあるので、そのことを親に理解してもらうことも私たちの仕事だ」

「親の理解が得られず、普通学校への強い希望があったときは、ためしに3カ月の時間を

オーフスの特別学校で

区切って特別学校に入学することがある」

「特別学校は組織が大きい。いろんな教育方法や新しい知識もある。専門職員もいる。どんな教育環境が子どもにとって良いのかよく理解してもらえます」

とアラン校長は言った。

◇◆◇

子どもの学びを保障するため、親の学校選択は責任が重い。それ故に、学校も自治体関係者も責任をもって専門的なアドバイスをしながら、集団で検討している。

教育への公的支出割合は、ＯＥＣＤ諸国で、デンマークは６・７％で第2位。３位がスウェーデン６・２％。日本は下から2番目の３・３％だ。

障害者権利条約の実現のため、差別を許さない抜本的な教育条件整備と必要充分な合理的配慮が必要だ。

■障害者権利条約　第24条　教育（部分）

5　締約国は、障害者が、差別なしに、かつ、他の者との平等を基礎として、一般的な高等教育、職業訓練、成人教育及び生涯学習を享受することができることを確保する。このため、締約国は、合理的配慮が障害者に提供されることを確保する。

8　就学前の教育

フィンランドの首都ヘルシンキに隣接したエスポー。朝のパリッとした空気のなか、就学前教育をしている「ホスマリン・プイスト・コウル（学校と保育園）」にいる。木々の中からたくさんの鳥の声が聞こえる。

◇◆◇

マユトタカネン校長は、午前中の時間をすべて私たちの視察にあててくれた。通訳は川村パルムネン博子さん。

２００５年につくられたこの学校は、就学前４クラス（１００人）の保育園と１、２年生の合計１７１人が学ぶ独特の学校だ。35％が移民の子たちで、30の国籍、宗教も異なっている。就学前の特別な授業を受けている９人のうち２人は知的障害がある。１年生24人のうち８人は特別授業が必要で、２人の教員（１人は障害児教育の専門家）に２人のアシスタント体制でのぞんでいる。

学校はヨーロッパで屈指の木造建築だ。学ぶ環境を考えて設計している。多様なスペースで使い換えができる。

1年生のクラス

マユトタカネン校長（右）

「どうして、保育園と1、2年生がいっしょの学校をつくったのですか？」

「統計では1、2年生の特別なサポート率が高いので、それに重点的に力を入れるためですか？」と質問すると、

「そういうことです。この学校の教育方針で大事なことは、ちいさな子どものサポート、学校に通いはじめた子どものサポートです。ていねいに教育するグループが多様です」

「就学を1年遅らせたグループ、1年と2年がいっしょのクラス、移民の子が11人で2人はフィンランド語ができない子のクラス、学習の障害がありサポートが必要な1、2年生がいるクラスがあります」

「1、2年の課程を3年かけてゆっくり学ぶことも可能です。親、教師、校長がみんなで話し合って判断します」


この学校はフィンランドでもめずらしい実験校だそうだ。学びの土台は、学校という人間と人間がつくる優しく豊かな時空間で、確かにはぐくまれるものなのだろう。

北欧では6歳になると1日3時間の教育が受けられる。スウェーデン、フィンランドは「義務」ではないが、デンマークではそれが義務化され、義務教育は10年になった。障害がある場合は2年間の就学前の教育を受けることができる。

◇◆◇

エスポーの保育を受けている1万3千人の内7％が特別なサポートを必要としている。

就学前教育のクラスで

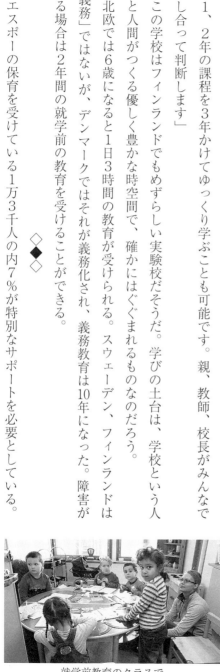

ホスマリン保育園で

▶デンマーク・コペンハーゲン市営情緒障害児治療通所保育所のアスムンスミーネは、支援の必要な子どもと一般の子どもがともに過ごしている自然のなかの施設だ。

訪問したホスマリン保育園は、特別なサポートが必要な5人に、障害児教育と幼児教育それぞれの教員、保育士、アシスタント2人の体制でとりくんでいる。

日本の児童福祉施設最低基準（敗戦直後につくられた）が思い浮かんだ。4歳以上・子ども30人に保育士1人、園庭は近所の公園が利用可ならばよい、というレベルだ。その「最低基準」さえも撤廃させられる動きがある。

フィンランドでは、すべての父母の労働保障として保育制度がある。だから、親の就労時間によって朝の5時半（朝食付）〜午後7時まで保育する（ただし最長10時間まで）。

就学前教育は、子どもの育ち、発達を主眼にして、障害があれば、親と専門教員と幼児教育教員などが、2年間、じっくりていねいに、時間と手間とお金もかけて、情報を共有し、納得がいくまで話し合う。

デンマークでも同様の話を聞いた。

「通常の学級、障害児学級、障害児学校、子どもの育ちと発達のために、特別なニーズに対して、もっとも適切な学びの場を考える。最終的には子どもの最善の利益のために保護者が選ぶが、就学後も親と教員、専門家が継続して話し合いをつづける。途中で方針変更や学びの場を変えることもできる」

本物の火も使う（アスムンスミーネ）

9 貧民街の希望の学校

軽度の知的障害のある子らが学ぶコペンハーゲンの国民学校・エングスコーレンを２０１４年秋に再訪した。学校には歴史がある。

◇◆◇

１８４８年、ヨーロッパは革命の只中にあった。フランスやドイツで絶対王政は倒れた。マルクスは『共産党宣言』を発表。イタリア統一、ハンガリー、チェコ、ポーランドが揺れる。

デンマークでは、当時の人口で10人に１人が参加した１万５千人のデモ行進があった。国王は市民の要求を受諾し、絶対王政に幕をひいた。翌年には憲法が成立する。以後、グルントヴィらのフォルケ・ホイスコーレ（国民高等学校）運動による農民の連帯と労働運動の発展によって、民主主義と福祉国家への道をあゆみはじめる。

エングスコーレンの玄関には、「１８９５」とある。革命から50年。市の人口は15万人か

上＝学校の入口
下＝マリア校長

ら現在に近い50万人に激増している。大半は貧しい工場労働者だ。この学校は、１２０年前、「スラム街の貧しい家庭の子どもたちに教育を！」と一人の女性が開設したそうだ。

学校に行けば、食堂があり、勉強も教えてくれる。そして時が過ぎ、軽い知的障害児の学ぶ公立の学校になった。

糸賀一雄らが創設した近江学園も、戦災孤児といわれた子どもたちを貧困から救い、「腹をくちく」することがねがいの一つだった。そのなかには、当たり前のこととして知的障害のある子どもたちがいた。

コペンハーゲン中央駅裏の貧民街につくられたこの学校も、敗戦後の滋賀の近江学園も、その根底にある思想は、地下茎でつながっているようだ。すべての子どもには教育を受ける権利があり、それを社会は実現する責任がある。

◇◆◇

デンマークの国民学校は、ゼロ年生から9年生までの10年間の義務教育だ。インクルーシブ教育が実施され、特別学校の割合は減り、特別学級も縮小の方向だが、それについては賛否両論がある。特別学級には3、4倍の費用がかかる。経費削減のための施策ではないかとの批判もあるそうだ。

マリア校長が全体を説明してくれた。授業をみせてもらった後、おいしい給食を食べながら、さまざまな質問にこたえてくれた。


デンマークは、１８１４年、世界で最初に国が行うべき教育の義務を制度化した。

日本の義務教育は、１８７２年（明治５年）の学制によってはじまった。

HOOP

「30年前、この場所に移転して「エング（野原の意味）スコーレン（学校）」になりました。特別学校としてのレイアウトを考えて改修し、教室は大きなスペースで、各部屋にキッチンをつくりました」

「今は、理念も変わり、生徒たちのタイプも変わりました。間仕切りのボードやカーテンがあり、広くなく、狭いスペースで落ち着いて学べるように工夫しています。来年は大規模な改修工事をします」

*

「ここには、軽度の知的障害児が１００人通っています。ＩＱは40～80です。ＡＤＨＤや自閉症などの子もいます。60％が17カ国からの移民の子です。保護者の多くは生活保護などを受けて生活しています」

「教師は21人。加えて４人の母国語（ソマリア・アラビア・トルコ語）教師。ペタゴー（生活支援員）が３人」

「１クラスは６～７人。友だちづくりが大切ですから規模が小さいです。意図的に15～20人グループでの授業もします。また、デンマーク語（国語）・算数・英語の３教科はとりわけ重視しています」

◇◆◇

改正学校教育法の影響がどうなるのか。それをまたデンマークはどう修正していくのか

性教育の教材も豊富

興味はつきないが、インクルーシブ教育について質問した。

「この学校では、インクルージョンの対象は、「障害」なのですか。「文化」なのですか？　それとも両方なのですか？」

マリア校長。

「いろんな文化的背景をもつ子どものインクルージョンです。移民の子らはそれほど知的面での困難は少ない。デンマーク語に難があるため力が発揮できないのです」

◇◆◇

授業を参観したのは8歳～13歳の7人が学ぶ国語＋英語クラス。それぞれ微妙に違う教科書を使って、書くこと、しっかり話すことが重視されていた。

わたしの自己紹介で「今日は、わたしの誕生日です！」と言うと、みんなでいっしょに「ハッピーバースデイ」を歌ってくれた。

＊

仲間と学び、仲間とおもいきりあそぶ。子どもは宝＝未来だから、社会は、できるかぎりお金も人材も投入する。

子どもたちの歓声がまぶしかった。

図書室

10 グルントヴィと国民高等学校

フォルケ・ホイスコーレ（国民高等学校）は北欧独特の成年教育機関だ。発祥の地はデンマーク。現在80校近くがそれぞれ特徴を持って運営されている。

創始者は「デンマークの精神の父」＝Ｎ・Ｆ・Ｓグルントヴィ（１７８３年～１８７２年）。アンデルセンなどと同時代の人だ。彼の思想は、日本では内村鑑三や宮沢賢治らに影響している。

グルントヴィは、１８３０年代のイギリスに学び、学生と教師の共同生活に驚いた。授業以外でも、食事をともにし、広場で遊び、互いに討論しあう。学生は教師の見識に敬意を払い、教師は学生を尊敬する。

そして欧州の産業革命や労働者階級の台頭など新しい社会発展における「自由」に感銘を受け、「精神の自由」が教育にとって最大で唯一の条件であると確信する。そんな体験が国民高等学校のベースとなり、農民青年たちの学びを土台にして、デンマーク社会をリー

グルントヴィ

「だれしもが、人間と社会の状態に関して明らかな眼（明晰な識別力）をもち、また他の人びとと仲間であるという喜ばしい連帯感をもって、自分の職業を一層好きになってそこに戻っていくことができる」。グルントヴィの言葉

グルントヴィ教会は、イエンセン・クリントが１９１３年に設計し、息子のコーレ・クリントが引き継いで１９４０年に完成した。

グルントヴィ教会

エグモント・ホイスコーレンにて

温水プールは地域でも利用されている

上＝体育の授業中
下＝食事の時間

ドする協同組合運動が発展する。

「フォルケ」の連帯思想が、デンマークの人びとを結びつけて高度な福祉国家をつくりあげたアイデンティティではないかといわれる（小池直人『デンマークを探る』）。

◇◆◇

朝もやの中を抜けてエグモント・ホイスコーレンに着いた。この学校に15年以上勤務している片岡豊さんの案内だ。

国民高等学校は、寄宿制で入学資格はない。「技術を身につける」というところではなく、デンマークの歴史や政治、一般教養科目に、体験型の美術やスポーツ、料理、裁縫などから学生自身が自由に選択して学ぶ。

エグモントは、障害のある人に配慮した学校だ。現在196人いる学生の半数は障害者で、40人は電動車いすを利用し、介助が必要。障害者は介助者を選んで雇うパーソナルアシスタント制度を活用して、寄宿舎に暮らし学んでいる。

でも、アシスタントもエグモントでは「学生」となる。雇い主の障害者が学校にいる10時～15時半の間は、アシスタントは「学生」として自分の好きな授業を受講できる。そして授業が終わってからと朝の時間が介助の仕事となる。働きながら受講できるのがエグモントの魅力だ。月収は約30万円。学費と税金を払った残りが「小遣い」になる。

途中からオーレ校長が加わった。

エグモントの学費は1人1週間1700クローネ（1クローネは約20円）で寄宿料・食費込み。春の2週間の研修旅行費は学費に入っているが、アフリカや日本旅行は自己負担。

春コースは24週間。秋コース18週。夏休短期コースとクリスマスコースは1週間ごととなる。障害者は平均3〜4年を過ごしているそうだ。

◇◆◇

経営的には介助者を必要とする障害者の入学が最優先され、次に自立度の高い障害者、3番目に外国人、とくに開発途上国からはデンマークの障害者団体の招待による障害者が約10人いる。97年からは日本人の特別枠もできた。

「社会省の特別教育カウンセラーもしている。国との太いパイプがある。経営者として

片岡さん（右）、オーレ校長（左）

の腕がいいからお金を引っ張ってこれるのさ」と校長は豪快だ。

◇◆◇

オーレ校長の父親は脳性マヒのある障害者だった。父は1951年に身体障害者のためのホイスコーレをつくると発表して、当時の首相夫妻を巻き込み、社会大臣、教育大臣も動かした。しかし、その後の運営は大変で、心身共に体調を崩し、72年に校長をやめた。成人したオーレは81年に教育大臣の特別顧問として障害者教育を担当。91年になって、父の設立したエグモントの校長に就任したそうだ。

オーレ校長は「学校を退職するまでに、父が希望していたプールをつくる！」と宣言し、念願の最新型の温水プールができた。

「水に入らなければ、泳ぐことは学べない。人生もやってみなければ、楽しむことはできない」

◇◆◇

2012年冬にはジュールスランド・ホイスコーレンを訪問した。知的障害者が主に学ぶ国民高等学校のハイジ校長の言葉もこころに残っている。

「ここはすべての人たちが人間性を高めていく場です。すべての人たちが発達できる教育の場です」

「ここは〝支援〟の場ではなく、〝学び〟をともにつくっていく場です」

ハイジ校長

スポット ２ 放課後の時間

コペンハーゲンの南西部にある人口４万６０００人のヴァルビイ区（自治体は10区に分かれている）にある学童保育所＝シュルーア・フリチスセンターを訪ねる。

市営の広大な墓地公園と道を挟み、隣にはスーパーが建設中だがその隣は音楽学校という静かなエリアだ。

施設長のヨハンが解説してくれた。

子どもたちは３つの学校から90人がやってくる。うち障害児は10人。５人がダウン症だ。

平日は朝７時半から開所し、必要があれば朝食も提供する。９時に学校へ送り、12時には学校へ迎えに行く。そして12時半から17時半までセンターは開所している。週に２日間は10人が21時まで利用する。

利用料は月１２００クローナ（約２万４千円）。障害児の利用料は自治体が負担する。

裁縫、粘土細工、絵画などいろんな部屋がある。トランポリン、ジャングルジム、ブランコなど遊具もじつに豊富だ。ちなみに、コンピューターゲームは45分間とルール化しているそうだ。夏休みにはカヌー、モーターボート、ウインドサーフィン、水泳もある。

スタッフは現在９人。利用する子どもの人数によって配分される。スポーツの専門教育を受けたスタッフもいる。

デンマークの余暇活動の場には、10歳～14歳の

ジュニアクラブ、15歳から18歳の青年クラブ、そして19歳から25歳の余暇クラブがあり、一部はこの学童保育所にも併設されている。利用料は月６００クローネ。

子どもたちは10歳を超えると、地域のサッカーやバドミントン、乗馬などのクラブにも所属するのが一般的だ。

２０１３年８月から、こうした余暇施設での学習のサポートが義務化された。「宿題カフェ＝ＬＥＫＴＩＥ」だ。

ヨハンは、子どもたちは、友だちとの遊びを通して学んでいってほしいと望んでいる。

みんな元気だ

ペインティングルーム

白夜の季節、北欧では夜９時でも陽は沈まない。語らいの時間がつづく。（上下：コペンハーゲン、中：ヘルシンキ）

はたらく　道らく

11 余暇は人権

余暇活動の場である「ラブック」を訪ねるのは10年ぶり。コペンハーゲンの郊外にあり、スマホで見る地図はたしかにラブックと示しているが…？

ここは以前来たラブックとは違うところだ！。でも、２００７年に訪問した「成人」の余暇センターだ！。

２０１０年に「青年」対象のラブックと「成人」対象の２つの団体が合併して、現在の「ラブック」になったそうだ。

◇◆◇

ラブックは、デンマーク社会サービス法１０４条（社会参加活動）による余暇活動の施設だ。現在２２４人（障害種別は多様で、その程度も重い人から軽い人まで）が登録している。

活動は、月曜日から金曜日の18時30分から21時45分までが基本。食事代は本人負担で、

社会サービス法１０４条
障害者が交流し、普通の生活を維持して、その質を高めるための喫茶・余暇・クラブ活動の場

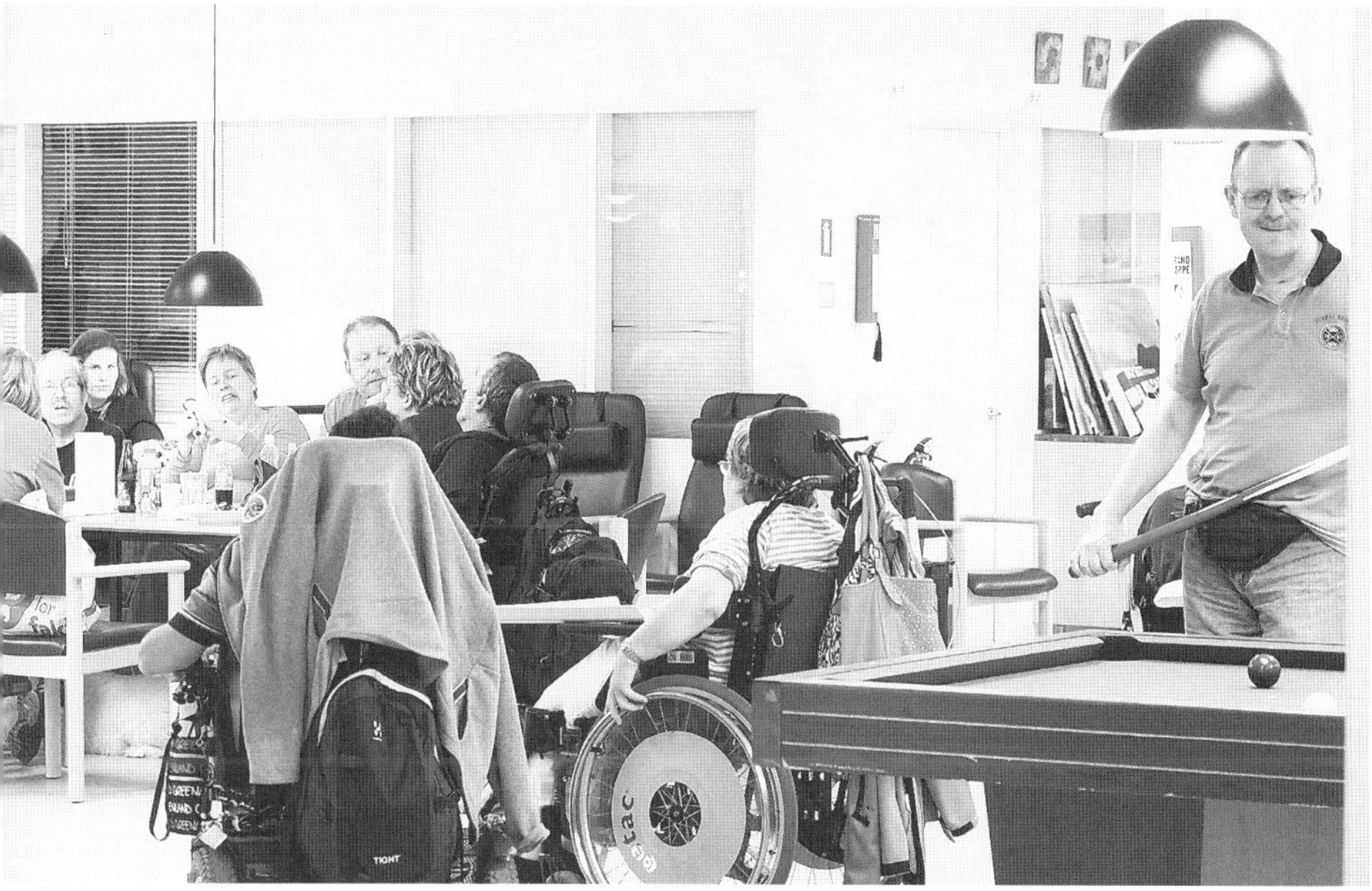

それぞれが好きな人と好きなことを

ラブックの“懐メロ”バンド

スタッフ65人の人件費など運営費はコペンハーゲン自治体が支出する。ただし、その財源は送迎費用も含めて障害者が生まれた自治体が負担するシステムだ。

ラブックは、現在は法人として4つの施設を運営している。ここにある余暇センターは25歳以上（最高齢は84歳）の成人が利用者だ。

利用者委員会は10人で組織されている。食事や飲み物の値段、「ビールを何本飲んでいいか」などみんなでルールを決めている。泊まりがけの旅行も企画する。「来年は西海岸やマジョルカ島など5回実施する」と決めたそうだ。

一週間の旅行の場合、参加者はスタッフが募り、応募状況によって同行スタッフ人員が決まる。冬はフランスにスキー旅行、ノルウェーにはボブスレー旅行に行く。旅行費用はフランスのスキーの場合で一人あたり約14万円。スタッフの航空券や宿泊費など諸経費は利用者の負担。スタッフの人件費は自治体が支払う。

「24時間勤務の仕事ですが、深夜手当は出ません」

と笑って言うのは、29歳の若いペタゴー（生活支援員）のカスパーだ。

「余暇活動の場なので、強制はしません。新しいことをしようと無理強いすることもありません。他の選択肢を示すことはありますが、本人がイヤと言えばそれを尊重します」

「恋愛関係はちょこちょこ芽生えます。そうなって助けが必要だというときは、スタッフが支えます」

デンマーク社会サービス法
は、「障害があるために特別な負担をかけてはならない」と規定している。
自治体は障害者に、同年齢の市民に提供するのと同じ活動を提供する。
乗馬、サッカー、スイミングなどのスポーツ、音楽や手芸、絵画、彫刻などの芸術、コンピューター、ゲーム、キャンプへの参加などがある。

ヘルシンキの歌の会で

「ある重度の身体障害のカップルは、日常の移動はなかなか困難ですから、ラブックを中心にして会って、互いの家と家を行き来しています」

◇◆◇

日本語で「余暇」は「余りの暇」という意味で、「勤労」にたいして、なんとなく引け目さえ感じる響きがある。でも、人生にとってはとても大事な大切な時間だ。

外に出ると中秋の名月が昇りはじめていた。

暖色系のあかりの中に、仲間といっしょに、安心感いっぱいの余暇活動の場があった。

障害者権利条約　第30条　文化的な生活、レクリエーション、余暇及びスポーツへの参加

1　締約国は、障害者が他の者との平等を基礎として文化的な生活に参加する権利を認めるものとし、次のことを確保するための全ての適当な措置をとる。

2　締約国は、障害者が、自己の利益のためのみでなく、社会を豊かにするためにも、自己の創造的、芸術的及び知的な潜在能力を開発し、及び活用する機会を有することを可能とするための適当な措置をとる。

3　締約国は、国際法に従い、知的財産権を保護する法律が、障害者が文化的な作品を享受する機会を妨げる不当な又は差別的な障壁とならないことを確保するための全ての適当な措置をとる。

4　障害者は、他の者との平等を基礎として、その独自の文化的及び言語的な同一性（手話及

日中活動の場からそれぞれやって来る

び聾《ろう》文化を含む。）の承認及び支持を受ける権利を有する。

5　締約国は、障害者が他の者との平等を基礎としてレクリエーション、余暇及びスポーツの活動に参加することを可能とすることを目的として、次のことのための適当な措置をとる。

（a）障害者があらゆる水準の一般のスポーツ活動に可能な限り参加することを奨励し、及び促進すること。

（b）障害者が障害に応じたスポーツ及びレクリエーションの活動を組織し、及び発展させ、並びにこれらに参加する機会を有することを確保すること。このため、適当な指導、研修及び資源が他の者との平等を基礎として提供されるよう奨励すること。

（c）障害者がスポーツ、レクリエーション及び観光の場所を利用する機会を有することを確保すること。

（d）障害のある児童が遊び、レクリエーション、余暇及びスポーツの活動（学校制度におけるこれらの活動を含む。）への参加について他の児童と均等な機会を有することを確保すること。

（e）障害者がレクリエーション、観光、余暇及びスポーツの活動の企画に関与する者によるサービスを利用する機会を有することを確保すること。

時給は、全国ペタゴー組合の労使協定により、どこの職場でも約4100円。「午後5時以降は深夜手当がつく。でも勤務時間は短く週22時間。賃金は少なくてもその分、家庭での時間を大切にしたい自分とはマッチする」カスパーはホッケーが得意だ。スタッフには元サッカー選手などもいるそうだ。

質問にこたえるカスパー

12 罪と罰

デンマークのユトランド半島。オーフス自治体の農村地帯にある「スナスタープ・ベスタボー」を再訪した。ユトランド半島での通訳は木下澄代さんにお願いしている。

前回訪ねたのは2012年の冬。知的障害やADHDの人たちのグループホームと農場（ケア・ファーム）として視察していた。ところが、視察の最後になって、外出していた施設長のアンネが帰って来ると、この施設の役割の全貌が語られはじめた。

「4名は刑事犯です。知的障害の人たちは普通の刑務所には合わないので、彼らをケアすることのできるこの施設にいます」「いま、新しい住宅を増設しています。判決の下った人が6名まで暮らすことのできる住宅です」

つぎの機会にはその点を、ぜひ詳しく教えてほしいと、2度目の訪問となった。

◇◆◇

現在、この施設には16人が居住し、4人が通所している。職員は34人。ペタゴー（生活

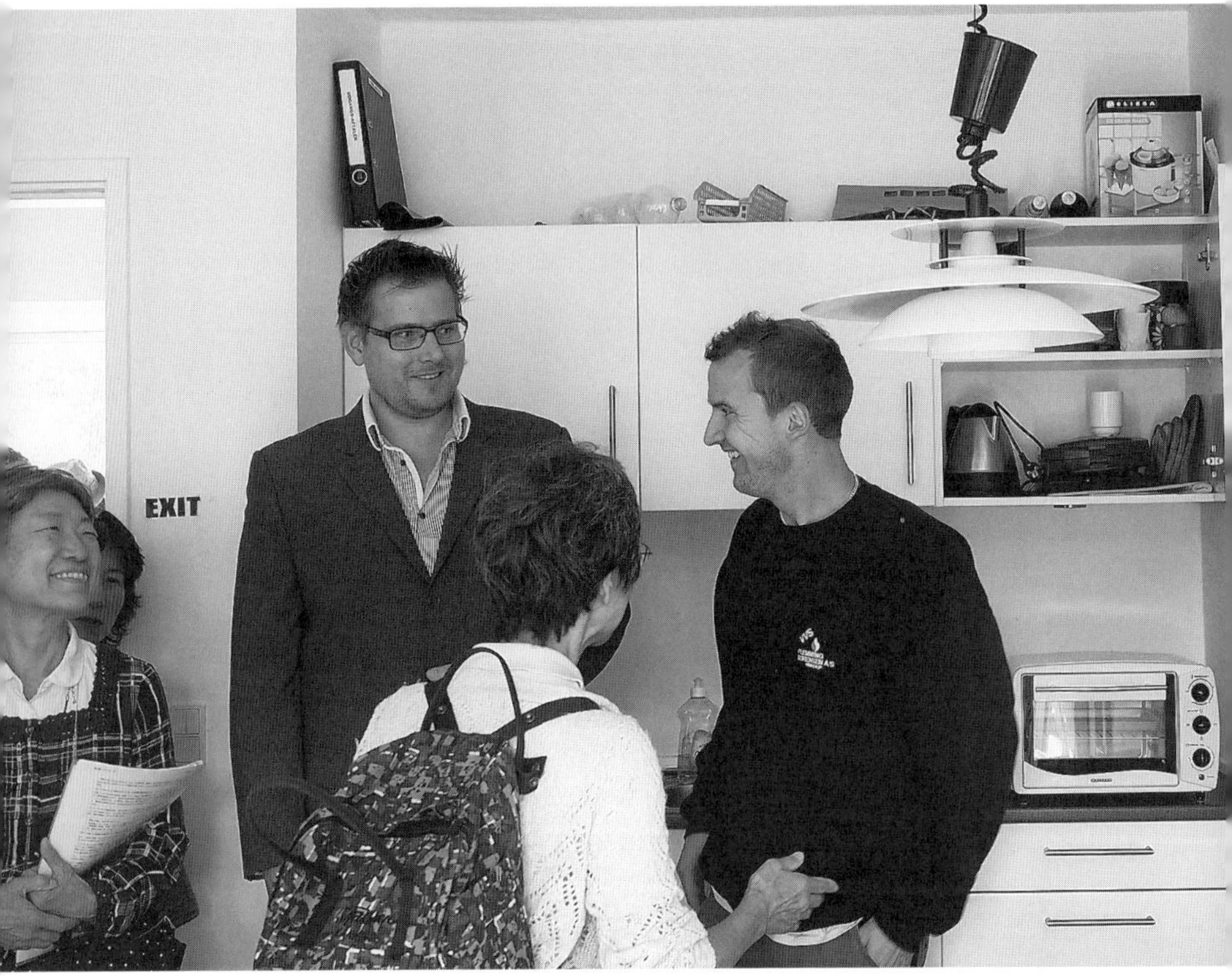
EXIT

支援員）と2人の管理者、1人の事務職員の体制だ。

ここは、1991年、住居と日中活動の場として4人でスタートした。2009年に増築し、8人が入居。2011年に古い農家の建物を改築して、さらに2人が入居。そして、今年6人の新しい住居ができた。

仕事は牛、羊、ニワトリの世話、野菜づくり、薪割、工事現場などの後片付け、出張造園作業などだ。

「ここは彼らの住まいです。〝入って来ないで！〟と言われれば、スタッフでも入室してはいけない。私たちはいつでも彼らの興味・関心を導き、新しい事件で刑法に触れないようにしています」

と20代の若いスタッフが解説してくれた。

「5年間の保護観察処分判決で、ここで暮らしている放火犯もいます。普通の人と同じように接しています。建物と農地のこの施設の敷地内は自由に行動できますが、それを越える場合には許可が必要です。外泊は禁止で、やむを得ない事情のときには弁護士の許可が必要です」

「高い塀とか壁はないですよね」と聞くと、

「私たちは脱出することを止めはしませんが、脱出すれば警察には通報します。そして逮捕されれば、ここにはいられなくなる。デンマークでは唯一、ロラン島に触法知的障害者

■障害者権利条約
第14条　身体の自由及び安全
1　締約国は、障害者に対し、他の者との平等を基礎として、次のことを確保する。
（a）身体の自由及び安全についての権利を享有すること。
（b）不法に又は恣意的に自由を奪われないこと、いかなる自由の剥奪も法律に従って行われること及びいかなる場合においても自由の剥奪が障害の存在によって正当化されないこと。
2　締約国は、障害者がいずれの手続を通じて自由を奪われた場合であっても、当該障害者が、他の者との平等を基礎として国際人権法による保障を受ける権利を有すること並びにこの条約の目的及び原則に従って取り扱われること（合理的配慮の提供によるものを含む。）を確保する。

のための閉鎖型保護施設（刑務所）があるのですが、そこに入ることになります。それはみんなさすがに嫌なようで、ここでルールを守っています」

「職員自身の身を守る方法も研修してます。緊急用のアラームを携帯し、何かが起きれば8人のスタッフがすぐに駆けつけます」

「でも、そうした人も仕事はみんなといっしょです。少ないけれど賃金ももらえる。私たちは、彼らが成功したという満足感を与えられるように、人間関係をつくり、喜びを感じられるようにしています」

話の最後に、彼とともに私たちを案内してくれていた青年は、「服役いま5年目なんです。安心感で人はだいぶ落ち着きますね」と聞かされて、とても嬉しかった。

◇◆◇

デンマークでは、刑法により精神障害者であれば、その触法行為に対して刑罰を科さない。「治療判決」をいい渡されると、政府犯罪局が付した条件のもとで生活し、特定の治療を受けることが義務づけられる。

知的障害者の場合は、独自の裁判により、犯罪知的障害者保護観察処分を受け、スナスタープのような「24時間監視」の条件での住居で暮らすことになる。

犯罪者に与えられる刑はデンマークでは軽い。投獄期間が長ければ長いほど、犯罪者が釈放後に社会復帰するのがいっそう困難になるからという理由だそうだ。

障害者権利条約

第15条　拷問又は残虐な、非人道的な若しくは品位を傷つける取扱い若しくは刑罰からの自由

1　いかなる者も、拷問又は残虐な、非人道的な若しくは品位を傷つける取扱い若しくは刑罰を受けない。特に、いかなる者も、その自由な同意なしに医学的又は科学的実験を受けない。

2　締約国は、障害者が、他の者との平等を基礎として、拷問又は残虐な、非人道的な若しくは品位を傷つける取扱い若しくは刑罰を受けることがないようにするため、全ての効果的な立法上、行政上、司法上その他の措置をとる。

13 はたらく　道らく

忘れられない記憶がある。

2003年夏、全障研第37回滋賀大会。万雷の拍手が鳴りひびく光の中から舞台裏に戻って来た田中昌人さんは満面の笑顔だった。

記念講演「発達保障を民主主義の光に」は、障害を理由にした不就学を大きく減少させてきた20世紀の歴史に学び、ヨーロッパでめざされているように「自立と自律」「生産的な諸活動への参加」「社会関係、地域参加、レクリエーション、余暇の保障」「家庭での役割の取得」という4領域で、「幅広くトータルに教育が通常の人たちにも、障害のある人たちにもその人たちに相応しく必要であるということが専門家の協力を得て提起されています」と指摘。

これにつづく21世紀の課題として、「生涯にわたって日本国憲法や国際人権規約の精神を継続的に実現していく」とともに、「日本国憲法第27条（労働権）、第28条（団結権）と

田中昌人（1932年～2005年）
全国障害者問題研究会第1期～14期全国委員長、京都大学教授など。1956年、近江学園研究室主任、1964年指導係長。糸賀一雄園長らと発達保障の研究をすすめる。1967年、全国障害者問題研究会結成をよびかけた。

労働体験センター（グレステド軽度障害者作業所）

結んだ発達保障を！」と提案していた。

◇◆◇

デンマークの〝定点観測地〟ヘルシンガー自治体。労働体験センターを再訪する。顔見知りになった副施設長のクヌートの案内だ。

利用者は約２５０人。スタッフ65人。仕事は、食堂の厨房や掃除、木工、金属工房、テキスタイル、暖房用の薪づくり、花卉にハーブ栽培、そしてテレビやラジオ番組づくりなど多様。施設利用費は、軽度の人で1日２５９クローネ、重度の人は1日６９９クローネ。利用者が生まれた自治体がヘルシンガー自治体へ支払う。利用者の自己負担はない。

「ＳＴＵ（特別に企画された教育）」という新しい教育制度を活用して、16歳から25歳の若者たちが3年間通うことができる。教科書ではなく、課外活動や外国での研修、さまざまな体験活動を通じて生き方や社会を学ぶことが目的だ。ＳＴＵは、エグモント国民高等学校でも実施されていた。ここ労働体験センターでは現在34人が学び、学生寮もある。

93年にはじめて訪ねたころは、町には働く場はホイヴァンゲン作業所が一つだけだった。10年後、軽度障害者の労働体験センターがつくられ、２０１１年からは、重い障害のある人たちのデイサービスもとりくまれている。

■労働体験センターで聞きました。

Q　デンマークに法定雇用率はありますか？

A　ない。企業の社会的責任として障害者雇用に理解がある。

Q　賃金補填などの助成は？

A　「フレックス・ジョブ＝障害者年金を受けていない障害者を雇用する会社に国が賃金の一部を補助する制度」と「スコーネジョブ＝障害者年金を受けている障害者を雇用する企業に自治体が賃金の50％を補助する制度」がある。

しごとのはじまりはみんなで楽しい活動（ホイヴァンゲン重度障害者作業所）

■障害者権利条約　第24条
教育（部分）

3　締約国は、障害者が教育に完全かつ平等に参加し、及び地域社会の構成員として完全かつ平等に参加することを容易にするため、障害者が生活する上での技能及び社会的な発達のための技能を習得することを可能とする。

5　締約国は、障害者が、差別なしに、かつ、他の者との平等を基礎として、一般的な高等教育、職業訓練、成人教育及び生涯学習を享受するこ

「〝ビンケルダマス通り〟にようこそ」と施設長のルイーセたちが待っていてくれた。結婚して近所に住むリケさんと利用者のベテラン・アルバートさんもいる。

◇◆◇

ここは、入所施設の跡地（〝ビンケルダマス通り〟は地名）につくられた「ＳＰＵＣ」（8つのアパート（グループホーム）、24時間対応の介護体制のある集合住宅、高齢知的障害者住宅、社会教育的サポートセンター、余暇活動の場）だ。利用者は２００人で、うち１００人が隣接する住宅に住む。スタッフは80人。人気の職場で1名の欠員募集に90人が応募するそうだ。

人口7万のヘルシンガー自治体には、ＳＰＵＣの他に、いくつかのグループホームと24時間ケアのグループホーム（「1　クロンボーフスの20年」を参照）がある。

入所施設はたしかに解体され、その地域に、必要かつ充分な支援のある複合的・総合的・近代的なモダン住宅群がつくられている。小さな町の「脱施設化」の具体化は、「なくす」ことでなく「つくる」こと、一人ひとりの生活を支えることなのだ。

結婚して3年目というリケさんは、障害者年金を受給して、ＳＰＵＣの近所で暮らしている。ＳＰＵＣからのホームアドバイザーが訪問して、日常生活の支援をしてくれる。1日の日課や生活リズムについても必要なアドバイスを受ける。パートナーは「フレックス・ジョブ（朝7時から午後1時までの短時間労働）」で働いているそうだ。

とができることを確保する。このため、締約国は、合理的配慮が障害者に提供されることを確保する。

SPUCのいこいのスペースで

左からリケさん、副施設長、施設長のルイーセ、アルバートさん

55歳のアルバートさんは、週1回、水泳や絵画をしたり、美術館にもよく行く。

「最近はホームアドバイザーの訪問回数が減らされてるので不満だけどね」

デンマークでも、曲がり角の向こうはバラ色だけではないようだけれど、ここは北欧。福祉国家のコンセンサスは小さな町でもゆるがない。

◇◆◇

日中に充実した活動をして、その後はゆったりと仲間と過ごせる場が欲しい。
〝働く〟は、端《はた》を楽にする、人のために役立つ〝はたらく〟こと。
自分のために楽しむことは〝道楽《どうらく》〟ともいい、〝道《みち》らく〟自分の〝道《みち》〟（人生）を楽にすること。
この〝はたらく〟ことと〝道《みち》らく〟することが日々の暮らしのなかで統一されることで、人生（＝ライフ）は豊かになるのではないか。
「生きることが楽しい
創造することが喜びである」（秋浜悟史）
そんなことが、北欧を訪ねるたびに確信になっている。

秋浜悟史（1934年～2005年）
劇作家。田中昌人らと映画「夜明け前の子どもたち」を作成。あざみ寮の寮生劇「ロビンフッドの大冒険」なども演出した。大阪芸術大学教授。

さあ行こう

14 税と自治と民主主義

何もかもが大揺れしはじめたような〝空気〟だ。

「マネー」という巨大市場は、戦争や原発さえも「商品」として、世界の経済や政治を飲み込んでしまうかの勢いだ。フワフワとした世論も急速に誘導されている気がする。

「誰もががまんを必要としているときに、障害者だけ新たな予算をつけるなど、国民理解が得られない」という〝世間の声〟が増幅させられている感じだ。

そして「税と社会保障の一体改革」の名で、消費税大増税と年金、医療、介護の切り捨てが押しよせてくる。さらに、許せないキャンペーンに「北欧の高福祉は高負担だ。あんたらは重税に耐える覚悟はあるのか!」がある。

◇◆◇

拙著『北欧　考える旅』で紹介したデンマークの通訳の田口さんの場合。

①所得の８%＝労働市場賦課金（雇用保険）。残った所得の９割に、②市民税平均24%、

■参考文献
薗部英夫「北欧＝幸せのものさし　障害者権利条約のいきる町で」『みんなのねがい』２０１４年４月~２０１５年３月号連載、全国障害者問題研究会出版部、２０１５年
薗部英夫「障害者権利条約批准後の情勢と課題　－日本と北欧で考える」『手話を学ぶ人たちの学習室　全通研学校講義集11』文理閣、２０１５年
田中一旭『北欧デンマークの障がい福祉の今　－日本の障がい福祉現場で働く若者たちが出会った現実』かもがわ出版、２０１４年
河本佳子『スウェーデンにおける医療福祉の舞台裏　－障害者の権利とその実態』新評論、２０１３年

③国税は所得に応じて累進課税5～15％、④広域連合への医療賦課金8％。平均すると約5割は所得税となる。これに加えて、⑤消費税25％（日常生活費は除外。スウェーデンは消費税25％だが食品12％、文化・興業6％の複数税率）だ。実質の負担率は70％となる（スウェーデンやフィンランドは約60％）。

しかし、税の基本は所得税で、累進課税によって所得の再分配がされるので、貧富の格差は世界で最も小さい国の一つだ。

そして、福祉にかかる費用は当然無料。医療費も原則無料だ。教育費は教科書だけではなく、修学旅行費も無料だ。学費の無料は大学院までつづき、学生には返還無用奨学金が月5662クローネ支給される。

民間の「保険」や「貯金」頼みでなく、国が市民の「安心」や「備え」となる。税金がどのように使われているかはガラス張りで、情報公開は徹底している。議員の不正は許されない。

では、日本はどうだろう。世界一の貯金大国（1456兆円）といわれるが、その目的は病気に対する備えが67％、老後が56％、教育が30％と、ほとんどが「備え」のためだ。

◇◆◇

こんなわたしのエッセイ＝「自治と民主主義　見た・聞いた・考えた」を授業で活用したからと、友人の高校教師が生徒たちの感想を届けてくれた。

野口典子編『デンマークの選択・日本への視座』中央法規出版、2013年
庄井良信他『しあわせな放課後の時間　―デンマークとフィンランドの学童保育に学ぶ』高文研、2013年
上野勝代他『あたりまえの暮らしを保障するデンマーク―DVシェルター・子育て環境』ドメス出版、2013年
銭本隆行『デンマーク流「幸せの国」のつくりかた』明石書店、2012年
ノルディック出版編集部『スウェーデンのニッポン人　―人がその地に求めたもの』ノルディック出版、2012年
スティーブン・ボーリシュ『正者の国　デンマークに学ぶ全員参加の社会』新評論、2011年
ビヤネール多美子『スウェーデンにみる「超高齢社会」の行方　―義母の看取りからみえてきた福祉』ミネルヴァ書

▼高校のプリント

次の文章の空欄に適する語句を入れなさい。＿

※（　　　）の下にある　＿＿＿＿＿　に自分の予想を書き込むこと。

1）デンマークに住む田口さんの場合、合計するとおよそ約（　　　　）割が税金である。
日本は、社会保険を入れると、約 4 割となる。　　予想 ＿＿＿＿＿

2）北欧の税は、高所得者には多く、そうでない人にはそれなりの税金というように、収入の額に応じて納税額が決まる（　　　　　）税が中心で、低所得者に重い負担となる（　　　　　）税は補助的なものだ。↑予想 ＿＿＿＿＿＿

予想 ＿＿＿＿＿＿

3）北欧で「無料」であるものを次の中から、すべてあげなさい。

福祉　医療　教科書代　給食費　修学旅行費

予想 ＿＿＿＿＿＿＿＿＿＿＿＿＿＿＿＿＿＿＿＿＿＿＿＿＿＿＿＿＿＿

4）日本は、世界一の貯金大国だが、その目的は（　　　　）（　　　　）（　　　　）と「備え」のためである。　　予想 ＿＿＿＿＿　＿＿＿＿＿　＿＿＿＿＿

日本での「備え」は、民間の保険や貯金だが、北欧では、（　　　　）が税金で行う。

予想 ＿＿＿＿＿＿

5）アンデルセンの故郷に近い人口8千人の町議会では、議会は月曜と水曜の夜七時から開かれる。議員の報酬は日本円で（　　　　　）円。議員の数よりも（　　）い町民が傍聴している。　　予想 ＿＿＿＿＿＿　　予想 ＿＿＿

そこでは、（　　　　）の人びとの暮らしを大切にしていくために議論される。

予想 ＿＿＿＿＿

6）フィンランド・（　　　　　）村のゴム長靴工場は、現在は携帯電話の（　　　　　）だ。

予想 ＿＿＿＿＿＿　　予想 ＿＿＿＿＿＿

7）北欧に生きる人びとは、互いの努力を認め合い、（　　　　　）している。ゆるがない確かな（　　　　）と（　　　　　）をつくっている。

予想 ＿＿＿＿＿＿＿　予想 ＿＿＿＿＿＿＿　予想 ＿＿＿＿＿＿＿

房、２０１１年
大橋香奈・大橋裕太郎『フィンランドで見つけた「学びのデザイン」－豊かな人生をかたちにする19の実践』フィルムアート社、２０１１年
野村武夫『「生活大国」デンマークの福祉政策』ミネルヴァ書房、２０１０年
鈴木優美『デンマークの光と影―福祉社会とネオリベラリズム』２０１０年
小林繁『障害をもつ人の学習権保障とノーマライゼーションの課題』れんが書房新社、２０１０年
荒川智編『障害のある子どもの教育改革提言―インクルーシブな学校づくり・地域づくり』全国障害者問題研究会出版部、２０１０年
薗部英夫『北欧 考える旅―福祉・教育・障害者・人生』全国障害者問題研究会出版部、２００９年

■高校生の感想から

○日本は低所得者、老人、弱者にとって生きにくい国だな。デンマークみたいに医療や教育、福祉ももっと充実させればよいのにって思いました。

○税金の使い方が違う。日本の場合は、税金が何に使われているのかわからないけど、北欧は、学校に対して特に税金を使っていて、子育てにもあまりお金がかからないので、とても育てやすくて良い。

○日本は低所得者からも高所得者からも同じように税金を取るのはおかしいと思った。北欧のように収入に応じた税金の集め方をすれば、増税をしなくても経済は潤うと思った。

○福祉や医療費、教育費が無料でも税金が高かったらどうなんだろうと思いました。今の日本の状態に慣れているので増税をするなどと聞くと、どんなに教育費が無料になっても嫌な気がするんじゃないかと思いました。

○税金の使い方が全然違うなと思いました。北欧の方が税金は高いけど、その税金は国民のためにしっかりと使われているところが日本とは違うと思いました。

○北欧の方が無料が多いというのがずるいと思った。

○自分自身も競争したり順位をつけるのは当たり前のことだと思っていたが、もしヨーロッパに住んでいたら、当たり前ではなくなっていたのかもしれない。

高校生のみなさんの感性と学びに拍手です。

小賀久『障がいのある人の地域福祉政策と自立支援』法律文化社、２００９年
松岡洋子「デンマーク」『障害者の福祉サービスの利用の仕組みに係る国際比較に関する調査研究事業報告書』日本障害者リハビリテーション協会、２００９年
ハル・コック著　小池直人訳『グルントヴィ　―デンマーク・ナショナリズムとその止揚』風媒社、２００７年
オッリペッカ・ヘイノネン『ＮＨＫ未来への提言「学力世界一」がもたらすもの』ＮＨＫブックス、２００７年
鈴木勉・塩見洋介『ノーマライゼーションと日本の「脱施設」』かもがわ出版、２００３年
茂木俊彦『障害は個性か』大月書店、２００３年

こうしたデンマークのゆるぎない社会システムはどうしてつくられたのだろう。

エミー・E・ワーナー著『ユダヤ人を救え！　デンマークからスウェーデンへ』（水声社）にそのヒントがある。

◇◆◇

1942年、デンマークはナチス・ドイツに2時間で占領された。しかし、その日のうちにレジスタンス（抵抗運動）が組織され、552紙2300万部の地下新聞が印刷された。たしかな情報は人と人とをつなげ、人から人へ広がっていく。

1943年9月から11月。300隻の漁船が7220人のデンマークに住むユダヤ人とその家族680人を中立国・スウェーデンに秘密輸送し、9割以上が避難に成功したそうだ。学校、療養所、市民病院は避難所を積極的に提供したという。

「なぜユダヤ人を助ける苦労をしょいこんだのか？」と問われたある女教師は、「それが私の義務だと思ったんです」と答えた。それが普通の市民のあたりまえの声だった。そして、戦争が終わって帰国したユダヤ人には脱出時の財産のほとんどが守られていたそうだ。

コペンハーゲンにあるレジスタンス博物館＝「The Museum of Danish Resistance 1940-1945」を訪ねたのは2012年1月。静かな日曜日の午後だった。おじいさんが孫を連れてなにか語りかけている。若いカップルが子どもと展示に見入っていた。

2013年冬、レジスタンス博物館は火災によって消失してしまったけれど、現場から

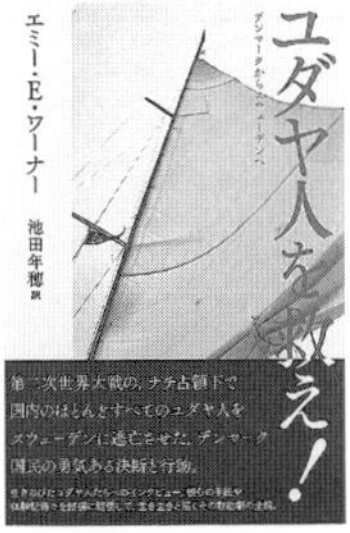

ナチスの侵攻

収容所で

漁船や小さなボートで海を渡った

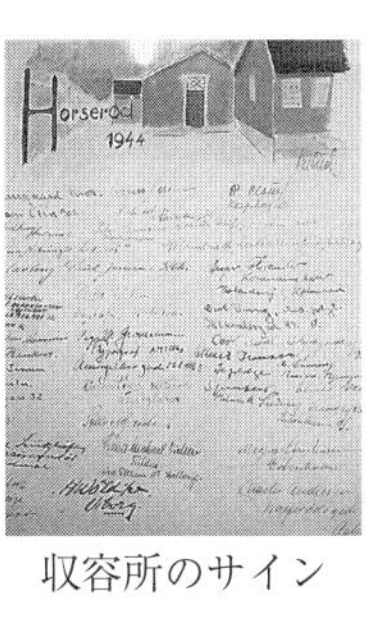

収容所のサイン

運び出された貴重な展示物は、今は国立博物館に収納され、レジスタンス博物館の再建を待っているそうだ。

レジスタンス運動に参加し、ナチス・ドイツの収容所に投獄された青年の一人に若きバンク‐ミケルセン（１９１９年～９０年）がいた。彼は、戦後、知的障害者親の会のスタッフとして運動をともにし、後に社会省ではたらき、ノーマライゼーション（障害のある人たちに、障害のない人と同じ生活条件をつくりだすこと。―すべての人に自由と独立を―）を提唱した。世界の障害者の権利保障運動に大きな影響を及ぼし、障害者権利条約にもつながっている。

◆◇◆

そして、日本だ。

「社会保障制度の原則は、保険優先？」「社会全体で負担を分かち合うので低所得者に配慮はいるが、総合的かつ慎重な議論が必要？」「国は技術的助言を行うもので、あくまでも決定は市町村の判断による？」と理解できない議論で、障害者自立支援法違憲訴訟の基本合意で否定された「応益負担」が、65歳の誕生日を迎えると障害者にのしかかってくる。障害があることによって必要な支援を受けることが「私益」とされ、その「益に応じて」負担せよ、障害は「自己責任」だとする「応益負担」がまた復活する。

自立支援法違憲訴訟元原告の秋保喜美子さんは、訴訟団と国（厚生労働省）との検証会

小池直人『デンマークを探る』風媒社、１９９９年
アーネ・リンドクエスト他『あなた自身の社会　―スウェーデンの中学教科書』新評論、１９９９年
清水満『改訂新版　生のための学校』新評論、１９９６年
木下澄代・深井せつ子『デンマーク四季暦』東京書籍、１９９７年
ＮＰＯ法人発達保障研究センター北欧研修ツアー報告集
『デンマークの青い空　北欧２０１４秋』
『白夜の時間　北欧２０１３夏』
『幸せのものさしを探して　北欧２０１２冬』
『共同の希望 北欧２０１０』
『夜明けを待ちながら　北欧２００９』
田中昌人「発達保障を民主主義の光に」『全障研第37回全国大会報告集』全国障害者問題研究会出版部、２００４年

議（定期協議）で、つぎのように訴えている。

「65歳になって所得が増えたわけでもなく、障害年金はだんだん下がっています。消費税も上がり、食生活費用が大変な中で、今までと同じ生活をするために、様々な利用負担を強いられる。どんな障害があっても、年齢にかかわらず、一人ひとりの人権が守られ、ごく普通に安心して暮らしていける福祉制度を、ぜひ、確立していただきたい」

＊

戦後日本の象徴だった憲法と１９４７年教育基本法。平和憲法の根幹をなす「九条」は世界の誇りだ。人格の完成をめざした「教育基本法」は、フィンランドの教育改革にも影響したという。その根底に流れる「自治」と「民主主義」の思想。北欧の福祉社会を支えているのは、共同による運動と労働運動とが形成した自治と民主主義の思想と実践だろう。

◆◇◆

コペンハーゲンから海峡の橋を渡って20分のスウェーデンのマルメを訪ねた。翌日の日曜日は４年ぶりのスウェーデン統一選挙の投票日だ。駅を出ると、選挙小屋が並び、各々の政党のメンバーが市民と熱心に議論をしている。

２０１４年の選挙結果は、２００６年以来の与党が敗北し、若者の運動員が目立った左翼連合が勝利した。ところが過半数には及ばず、13％に「躍進」した移民規制強化を主張する極右政党の動きもあり難しい政治状況になるようだ。世界は大きく動いている。

選挙小屋で討論中

元気のいい青年たちと

スポット 3 ヤマナラシの丘で

「風にゆれて葉っぱが鳴ってる」

ヤマナラシ（ポプラの一種）の樹だ（写真左）。小鳥の声も聞こえる。そして鹿の親子がゆっくりと歩いている。

ストックホルムにある森の教会墓地（スコーグスシュルコゴーデン）は、スウェーデンが誇る建築家アスプルンドが設計した。１９９４年、人工の建造物としては世界初の世界遺産に登録された。

火葬場の門にある老人と若いカップルと子どもの扉（写真左）などを見ると、「いのちのリレー」を感じる。

時間がとまったとき、人は森に還る。生きてるかぎり「いのちのリレー」をつづける。

＊

案内してくれたストックホルム在住の小牧遊さんが言う。

「〝ミンネスルンド〟は、誰でもが火葬後に散骨してもらえる共同墓地のことです。１９６１年、ここがストックホルムで最初に造られました」

夫婦単位の小さなお墓（市内の教会で）

「教会税を払っていれば、葬儀を行う場所にかかる費用（教会使用料、牧師、オルガニスト、お手伝いなど）と埋葬にかかる費用は一切無料です」

「香典はありません」

「四十九日や何周忌などの法事もないです」

「お墓は日本のように〝家〟単位ではなくて、〝夫婦〟単位で〝一代〟限りですね」

自然公園のような墓地のベンチに座って、亡き人を偲び、そっとこころの会話を交わす。それだけなのだそうだ。

長男と長女のカップルで、それも群馬と富山にそれぞれの墓があり、墓守をだれがするのかなど、けっこうシビアな悩ましい課題をかかえる私たちとはだいぶ事情がちがう。

＊

重松清『十字架』の最後の下りは、この森の教会墓地にある十字架が舞台だ。


空が、森と丘を包み込むように広がっている。

晴れているといい。

見上げれば吸い込まれてしまいそうな青空だったら、うれしい。

かすかな風が吹く。空が語りかけた。言葉はない。ただ涼やかな風が、あのひとの背中をいたわるように撫でていく。

十字架は丘の上で静かに待っている。

あのひとは黙々と歩きつづける。

こころの会話をする人

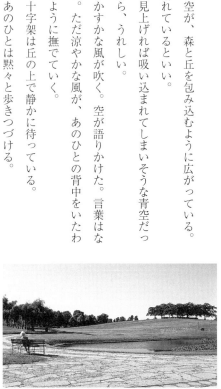

付録

障害者権利条約批准と今後の課題

障害者権利条約（Convention on the Rights of Persons with Disabilities、障害者の権利に関する条約（政府公定訳）、以下、権利条約）は、２０１３年12月４日、衆議院につづき参議院で批准が承認（全会派一致）され、２０１４年１月20日、政府は国連に批准書を提出し締結しました（発効２月19日）。日本は１４１カ国（欧州連合含む）目の締約国です（**表1**　参照）。

締結された国際条約は、日本国憲法と一般法との中間に位置づきます。権利条約は、憲法の下、障害者基本法や障害種別の実体法に法的効力を持つこととなります。権利条約に違反する国内法は改められなければならないのです。

「ウルトラの母」を日本国憲法とし、「ウルトラの父」を権利条約とたとえれば、子どものウルトラマンもタロウもエースも実定法たちは、母と父への「違反」は許されないのが「掟」なのです。最近のゴジラ〝シンゾー〟らが「閣議決定」で憲法という最高法規を読み

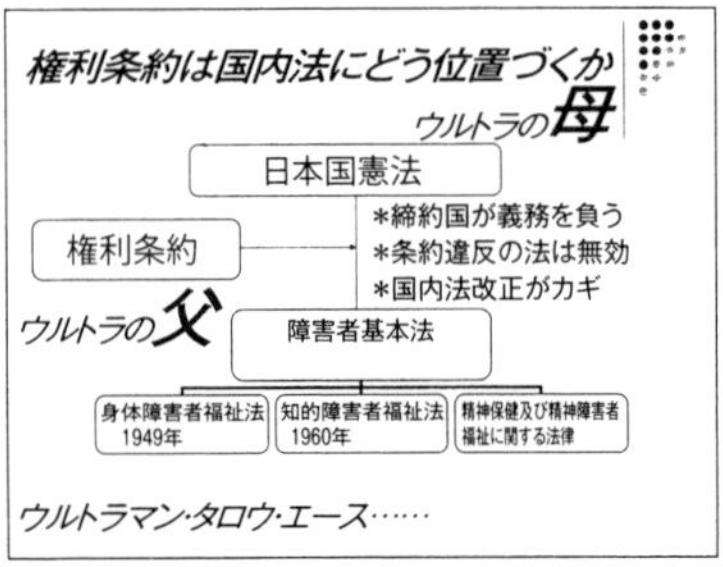

かえてしまうなどはまったくの「掟破り」。法治国家としては断じて許されません。

1　条約採択から批准まで、なぜ日本では長い時間がかかったのか？

〝Nothing about us without us（私たち抜きに私たちのことを決めないで）〟は権利条約採択にむけた、世界の障害者団体のスローガンであり、権利条約の底に流れるたしかな思想となりました。今後、それぞれの暮らす自治体でも根底に据えるべき考え方です。

表1　障害者権利条約関連　略年表

2001年	
12月	国連総会で障害者権利条約特別委員会設置を決議
2002年	
7月	第1回特別委員会（以後8回までのべ200人の傍聴団を派遣）
2004年	
10.31	日本障害フォーラム（JDF）結成
2006年	
4.1	障害者自立支援法一部施行
10.31	全国大フォーラム（1万5千人）
12.13	国連総会で権利条約採択
2007年	
9.28	日本政府が権利条約に署名
2008年	
10.31	障害者自立支援法違憲訴訟一斉提訴（2009年10月にかけ14地裁原告71名）
2009年	
3.5	JDFなどの意見を受けて権利条約批准の閣議決定を見送る
9月	政権交代（民主党政権へ）
12.8	障がい者制度改革推進本部（本部長＝内閣総理大臣）設置
2010年	
1.7	障害者自立支援法違憲訴訟団と国（厚生労働省）と基本合意締結
1.12	第1回制度改革推進会議
6.7	障害者制度改革推進のための基本的な方向（第一次意見）
12.3	自立支援法「改正」法
12.17	第二次意見
2011年	
3.11	東日本大震災・原発大事故
7.29	改正障害者基本法
8.30	骨格提言（障害者総合福祉法の骨格に関する総合福祉部会の提言）
2012年	
6.20	障害者総合支援法成立
9.14	「障害を理由とする差別の禁止に関する法制」についての差別禁止部会の意見
12月	政権交代（自公政権へ）
2013年	
6.19	障害者差別解消法成立
11月	アジア太平洋障害者の「権利を実現する」インチョン戦略
12.4	参議院，権利条約批准を承認
2014年	
1.20	権利条約締結（2.19発効）

訴訟団は国との基本合意を締結（2010.1.7）

さて、国連・特別委員会は、2001年の総会決議を受け設置され、2006年まで8回開催されました。日本政府も毎回出席しました。民間の障害者団体からはのべ200人が会議の模様を傍聴しました。そうした活動の積み重ねで、わが国の障害者団体のナショナルセンターともいえる「日本障害フォーラム（略称JDF）」が結成されました。日本の障害者運動の中で統一組織ができたのは、史上初めてです。

先行する人権条約では、女性差別撤廃条約が署名から批准まで5年3カ月、子どもの権利条約は4年5カ月の年月がかけられました。

権利条約は、採択の翌年2007年に署名し、2009年3月には批准を通す閣議決定が準備されたのです。ところが、障害者団体は、「名ばかりの批准ではなく国内法の見直しを！」と強くアピールしました。そして、制度改革と国内法の改正が優先されることになりました。これは「異例中の異例」でした。

こうした背景には、障害を「自己責任」とし、障害の重い人ほど負担が重くなる「応益負担」を強いた障害者自立支援法（施行2006年4月～）に対して、日本国憲法に違反し、権利条約に反するとアピールした違憲訴訟（2008年10月～）と運動が大きく影響しました。

そして2009年秋、政権交代があり、民主党政権のもと2009年12月、「制度改革推進本部（本部長＝内閣総理大臣）」が設置されました。翌年1月7日、自立支援法違憲訴訟

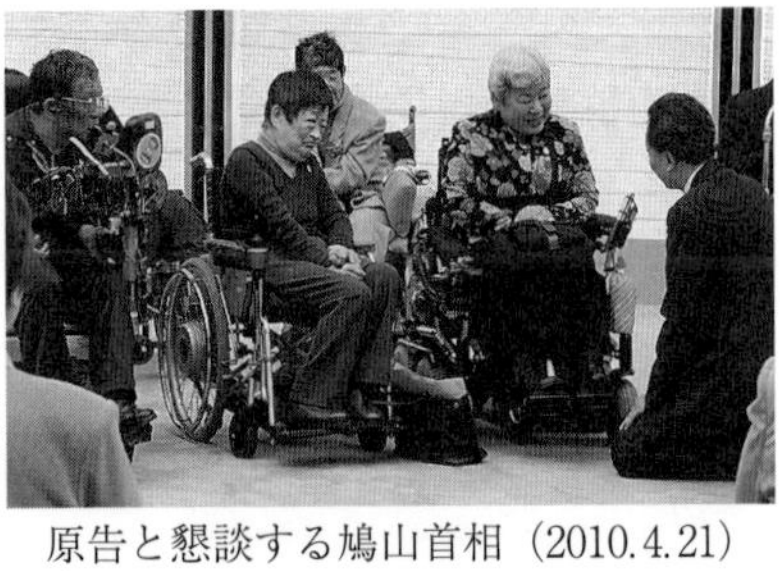

原告と懇談する鳩山首相（2010.4.21）

団と国（厚生労働省）との「基本合意」が調印され、国は障害者団体とともに本格的な制度改革議論をすすめることになったのです。

2　画期的、歴史的な当事者中心の「推進会議システム」

障がい者制度改革推進会議（「推進会議」）（改正障害者基本法後は「障害者政策委員会」）には、担当室が設置され、5カ年の「改革の集中期間」が設定されました。室長は、車いすの東俊裕弁護士。事務局員も障害者団体の有力メンバーが任じられました。

推進会議は、運営上でも画期的なシステムが採用されました。①会議構成員の過半数は当事者、②障害者への個別的配慮、③人的支援（ガイドヘルプ、手話、要約筆記、指点字等）、④会議進行面での配慮（知的障害者には3色のプラチック板での意思表示、点字資料、平易な言葉づかい努力、休憩時間の充足）、その他、ライブ中継、インターネットオンデマンド配信、資料や議事録の迅速なホームページ公開です。

会議は4年間で、推進会議38回、総合福祉部会19回、差別禁止部会25回、政策委員会11回が開催され、不十分さは残しながらも障害者基本法の改正、障害者総合支援法、障害者差別解消法などを制定しました。

障害者制度改革推進のための基本的な方向（第一次意見）、第二次意見、骨格提言（障害者総合福祉法の骨格に関する総合福祉部会の提言）、「障害を理由とする差別の禁止に関す

推進会議　首相も参加して

る法制」についての差別禁止部会の意見の４つの文書は、自立支援法違憲訴訟による「基本合意」などとともに権利条約実現にむけての羅針盤です。

また、こうした政府内での議論はさまざまな障害者運動とともにありました。総合福祉部会の55名の総意としてまとめあげた骨格提言に根ざした障害者総合福祉法づくりを確かなものとするため、ＪＤＦは１万人の大フォーラムを東京・日比谷で開催。地方議会の意見書採択は２２４自治体（14都道府県、８政令市、２０１市町村）に及びました。

3　インクルーシブな社会、自立した地域での生活の実現めざす権利条約

◆権利条約の構成

権利条約は、**前文**（25項目）と本文50条、さらに**選択議定書**（日本政府は批准していない）から成っています。「同年齢の市民と同等の権利が保障される」とした「障害者権利宣言」から30年余にわたるとりくみが実を結んだものです。権利条約は、「障害に基づくいかなる差別もなしに、すべての障害者のあらゆる人権及び基本的自由を完全に実現すること」（第４条）を定めています。（**表２**参照）

◆公定訳の問題点

■障害に関する内外の８タイトル政策

障害者の権利に関する条約

障害者自立支援法違憲訴訟原告団・弁護団と国（厚生労働省）との基本合意文書
２０１０・１・７

障害者制度改革の推進のための基本的な方向（第一次意見）
２０１０・６・７

障害者制度改革の推進のための第二次意見
２０１０・12・17

障害者総合福祉法の骨格に関する総合福祉部会の提言　―新法の制定を目指して
２０１１・８・30

「障害を理由とする差別の禁止に関する法制」についての差別禁止部会の意見
２０１２・９・14

新「障害者基本計画」に関する障害者政策委員会の意見
２０１２・12・17

アジア太平洋障害者の10年に関する閣僚宣言、およびインチョン戦略
２０１２・11

権利条約は6カ国語が正文です（第50条）。日本政府は、署名時の「仮訳」、2009年時の「訳」、そして批准時の「公定訳」と3度日本語版を示しています。ですが、若干の修正はあったものの、他の国内法や条約との「整合性」を理由に、指摘されていた問題点はほとんど変更されていません。

たとえば、概念を具体化する重要なキーワードとして改善が求められていた「インクルージョン」は「包容」に、「コミュニケーション」は「意思疎通」、「アクセシビリティ」

表2　障害者権利条約の条項の構造と内容

玉村（2008）の訳による

前文	
<総論的条項>	
第１条	目的
第２条	定義
第３条	一般原則
第４条	一般的義務
第５条	平等と非差別
<特定のグループや状況への特別な留意>	
第６条	障害のある女性
第７条	障害のある子ども
第11条	危機のある状況及び人道上の緊急事態
<条約のための特別な規定>	
第８条	意識の向上
第９条	アクセシビリティ
<市民的政治的権利>	
第10条	生命に対する権利
第12条	法律の前の平等
第13条	司法へのアクセス
第14条	身体の自由と安全
第15条	拷問や，残虐な，非人道的，品位を傷つける扱い，刑罰からの自由
第16条	搾取，暴力，虐待からの自由
第17条	人間の尊厳（完全性：インテグリティ）の保護
第18条	移動の自由と国籍
第21条	表現及び意見の自由，情報へのアクセス
第22条	プライバシーの尊重
第23条	家庭及び家族の尊重
第29条	政治的及び公的生活への参加
<経済的社会的文化的権利>	
第19条	自立した生活及び地域社会へのインクルージョン
第20条	個人の移動（モビリティ）
第24条	教育
第25条	健康
第26条	ハビリテーション（療育）とリハビリテーション
第27条	労働及び雇用
第28条	十分な生活水準及び社会保障
第30条	文化的な生活，リクリエーション，余暇及びスポーツへの参加
<実施とモニタリング>	
第31条	統計及び資料の収集
第32条	国際協力
第33条	国内における実施及び監視
第34条～第40条	（監視のメカニズム）
第41条～第50条	（最終規定）

はなんと「施設及びサービス等の利用の容易さ」と訳されたままです。日本語訳が権利条約の大切な概念を矮小化しかねません。

◆障害の定義と改正障害者基本法

権利条約は、**前文**で「(e) 障害が発展する概念であることを認め」「障害が、機能障害を有する者とこれらの者に対する態度及び環境による障壁との間の相互作用であって」とし、**第1条（目的）**でも「様々な障壁との相互作用により」としています。これは、不利の原因を機能障害を理由とする考え（「医学モデル」）からの脱却といわれます。ＪＤＦ幹事会議長の藤井克徳さんは、「世界保健機関（ＷＨＯ）による「障害は環境との相互作用によるものとする」とした国際生活機能分類（ＩＣＦ）の影響を受けている」と述べています。

推進会議の「第一次意見」には「障害の定義は障害者施策の入り口を画する機能を有する疾患や症状の違いにかかわらずサービスを必要としている障害者をあまねく含めることが重要である」と記述され、改正障害者基本法では、**第2条（定義）**で障害者を、「障害及び社会的障壁により継続的に日常生活又は社会生活に相当な制限を受ける状態にあるもの」と定義しました。これは大きな変革です。

しかし、たとえば、難病や慢性疾患はこの定義の範囲に含まれ、制度の谷間を生じさせないことが求められているにもかかわらず、難病政策の法制化をめぐっては、対象となる難病を制限し、患者の生活を破壊する医療費負担などの改悪もあります。政治動向とあいまって、権利条約実現のための課題はとても大きいのです。

◆差別の禁止と合理的配慮、差別解消法

権利条約は障害を理由とする差別を禁止すること、障害者は保護される存在ではなく権利をもつ社会の主人公であること、障害の有無によって分け隔てられることのないインクルーシブな社会をつくることを明記しています。

第5条（平等及び無差別）には「合理的配慮」がとり入れられました。「3　締約国は、平等を促進し、及び差別を撤廃することを目的として、合理的配慮が提供されることを確保するための全ての適当な措置をとる」。

つまり、reasonable accommodation ＝「合理的配慮」（わたしは「理にかなった条件整備」の訳を支持しています）をしないことは差別であるという考え方です。政府はこれを「障害者が他の者との平等を基礎として全ての人権及び基本的自由を享有し、又は行使することを確保するための必要かつ適当な変更及び調整であって、特定の場合において必要とされるものであり、かつ、均衡を失した又は過度の負担を課さないものをいう」としました。でも、何度読んでもわかりづらい日本語ですね。

訴訟団と国（厚労省）の検証会議

そのため、これらは重要な論点として、改正障害者基本法、差別解消法でも一部反映され、労働や教育分野の審議会でも議論されたのです。

改正障害者基本法は、差別の禁止として、「第4条　何人も、障害者に対して、障害を理由として、差別することその他の権利利益を侵害する行為をしてはならない」として、差別をなくすための「必要かつ合理的な配慮がされなければならない」としました。しかし、基本法の規定だけでは、現実に差別か否かを争う裁判で障害者が救済される実効性は乏しいのです。そのため、差別禁止法制が必要とされました。

2013年6月に成立した差別解消法は、障害を理由とする差別の行為として「不当な差別的取り扱い」と「合理的配慮の不提供」を規定し、行為主体である行政機関には対応要領（義務）が、事業者には対応指針（努力義務）が明記され、差別の解消が求められることになりました。ただし、「対応要領」「対応指針」の策定の元となる「基本方針」は、2013年度中の可能な限り早い時期の作成が求められるとされましたが、2015年2月に策定されました。

さて、教育分野の合理的配慮では、「障害のある子どもが、他の子どもと平等に「教育を受ける権利」を享有・行使することを確保するために、学校の設置者及び学校が必要かつ適当な変更・調整を行うことであり、障害のある子どもに対し、その状況に応じて、学校教育を受ける場合に個別に必要とされるもの」で、「学校の設置者及び学校に対して、体制面、財政面において、均衡を失した又は過度の負担を課さないもの」と定義されました。実施責任は国ではなく、個々の学校や自治体に押しつけられます。

その他、労働、バリアフリー施策など差別禁止法制との関係で残された課題はとても多いのです。

◆自立した地域生活と支援など

権利条約は、**第19条（自立した生活及び地域社会への包容）**として、「(a)障害者が、他の者との平等を基礎として、居住地を選択し、及びどこで誰と生活するかを選択する機会を有すること並びに特定の生活施設で生活する義務を負わないこと」を定めました。

総合福祉部会は**骨格提言**をまとめ、「障害のない市民との平等と公平」を最大の課題として、「谷間や空白の解消」「格差の是正」「放置できない社会問題の解決」「本人のニーズにあった支援サービス」「安定した予算の確保」の新法がめざす6点を掲げ、60項目を提言しました。しかし、担当した厚労省は検討段階から部会議論に冷淡で、総合福祉法制を法案として具体化する際にも骨格提言の多くは反映させませんでした。

そして、自立支援法の一部改正にとどまる「総合支援法」が国会に上程され、「自立支援法廃止、総合支援法の徹底審議求める」行動が大きくとりくまれましたが、２０１２年6月に強引に成立され、２０１３年4月から施行されました。

訴える元原告の秋保喜美子さん

「障害支援区分の創設」「重度訪問介護の対象拡大」「ケアホームのグループホームへの一元化」などが実施され、施行後3年を目途に、常時介護を要する支援・移動支援・就労支援など障害福祉サービス、支給決定、意思決定支援、精神障害・高齢の障害者支援の在り方など6項目が厚労省・社会保障審議会障害者部会で議論されています。

しかし、たとえば、「受け入れ条件が整えば退院可能な者（約7万人）」と厚労省が示した精神科病院の社会的入院の解消については、ほとんど変化がないなかで、病床の看板のすげ替えに過ぎない「病床転換型居住施設」構想が議論されていることは、権利条約の視点からも厳しく批判されなければなりません。そのため6・26緊急集会が日比谷野外音楽堂で行われました（２０１４年）。

教育分野では、保護者と学校・教育行政の間の矛盾を生み出してきた就学指導システムについて、学校教育法施行令の一部改正が行われました。保護者の「意向尊重」は掲げたものの、「総合的判断」の名による行政裁量の余地を残しています。

また、アクセシビリティをめぐっても、権利条約は情報分野だけではなく幅広い分野でその保障を貫いています。あらゆる活動への参加を実現するためのアクセシビリティの保障は権利条約の座標軸と位置づけられますが、不十分な訳とともに今後の大きな課題です。

4　権利条約をテコにして困難な実態を改善する運動を

権利条約締結によって、今後政府は、国連に対して、権利条約の実施状況の定期的な報告（締結後2年、その後4年ごと）が義務づけられます。障害者団体は「パラレル・レポート」を提出できます。

すでにJDFはそのための検討会を開始しています。JD（日本障害者協議会）も特別検討チームをつくっています。これらを運動のテコにして、さまざまな角度から障害者のおかれた現状、実態を明らかにすること、その改善のための政策提言や運動を広めることが重要です。

情報はつぎのWEBをご活用ください。

○**障害者権利条約を考える（全障研）**　http://www.nginet.or.jp/box/UN/UN.html

○**日本障害者リハビリテーション協会　DINF**（障害保健福祉研究情報システム）http://www.dinf.ne.jp/doc/japanese/rights/right.html

本稿は「障害者権利条約批准における障害者運動の意義と今後の課題」『障害者問題研究』第42巻1号（2014）、『FLC飛璃夢』148号掲載原稿（2014）をもとに加筆修正しました。

デンマークの青い空

ヘルシンキの街中にある植物園

おわりのはじまり

あざみ寮元寮長の石原繁野さんからいただいた糸賀一雄（1914年〜68年）著『福祉の道行　―生命の輝く子どもたち』（中川書店）。糸賀さんが「新書判」の原稿として書いた原稿400枚を田中昌人さんが生前に編集したもので、「糸賀一雄生誕100年」の事業をすすめるなかで単行本化された。ノーマライゼーションやインクルージョンの思想は地下茎でつながっているかのようだ。

「親も社会も気づかず、本人も気づけていないこの宝を、本人のなかに発掘して、それをダイヤモンドのようにみがきをかける役割が必要である」「人間のほんとうの平等と自由は、この光を光としてお互いを認め合うところにはじめて成り立つ」「この光は、新しい〝世の光〟である。それはこの人びとから放たれているばかりでなく、この人びとと共に生きようとしている人びとからも放たれているのである」

糸賀さんは、どんなに重い障害があってもいのちの絶対的価値がある、それを「光」としながら、そうしたいのちを支える人びとにも同じ「光」があることを教えてくれる。

そして、

「人はその長い生涯をかけて、20代の時のその人の思想に向かって次第に円熟していく。その変化の中にあって、時として相反する両極に向かって時計の振り子のように動くことがあっても、それは常に正中線を中心としてのフレである」

わたしも自分の思想と自分の中の「正中線」を確認しながら、「他者実現」とともにある「自己実現」をしていきたい。

*

東京の葛飾区に、知的障害のある若者たちの〝たまり場〟「ぽむぽむ」がある。リーダーの山崎厚子さんが「緩和ケア」を利用していると聞いていた。

「いまコペンハーゲンです。山崎さんたちといっしょした初めての旅から20年。北欧もどんどん変わりますが、変わらないものを見つめて」と旅の途中でメールした。

「わあ、いいな！　あそこからはじまったのよ、ぽむぽむも。疲れすぎないようにがんばってくださいね」と返信があった。

帰国した翌日。「今日の3時頃おみやげ持ってあそびに行こうと思うけど、いいですか？」とメールした。返信はなく、しばらくしてケータイが鳴った。

「娘です。母は今朝亡くなりました。昨日まで数日自宅で過ごしていましたが、昨晩呼吸が苦しいというので、病院に戻りましたが、今朝」

山崎さんには、ぽむぽむの実践報告を『障害者問題研究』誌にお願いしていた。

通夜で、論文を共同執筆した娘さんから、

「病室にいることを忘れてしまうような、まるで大学のゼミの課題を仕上げているような雰囲気でした。そんな中で印象的だったのは、母が〝この論文をとおして、また新しい発見があった〟〝失敗やまちがいをおかしても、やりなおせる場所がぽむぽむだ。あなたたちにも覚えておいて欲しい〟と言っていたことです」と聞いた。

帰宅するといっしょに参列していた妻が、「よかったわね。原稿をお願いして」と言った。洗面所で涙がとまらなくなった。

前著『北欧　考える旅』をまとめた２００９年以降、親父や義母を看取り、恩師や親友、先輩たちの死に直面して、生きているいのちの重みを感じている。

倶会一処（くえいっしょ）「倶（とも）に一つの処（ところ）で会（あ）う」は、義母が生きた北陸の教えだが、人間の身体は消えていくけれど、その志は、それを受けつぐ者たちのなかでつながっていく。

＊

本書は、全国障害者問題研究会の月刊誌『みんなのねがい』２０１４年４月号から２０１５年３月号の同名の連載をもとに、写真含め大幅な加筆修正をしたものだ。

連載中には読者のみなさんからたくさんの感想をいただいた。大先輩からは電話もあった。

全障研出版部経営委員長を長く務められた秦安雄さんは、

「いろいろなところで、いい力を発揮してるね。とりわけ、北欧連載はいいねえ」

第2代委員長の清水寛さんからも長い電話。

「文章もいいけど写真がいい。なにを感じて撮っているか伝わってくる。こころで撮らないと撮れない写真です」

とても嬉しい。

先輩たちのバトンをつなぎながら、全障研事務局長の仕事は30年の節目をむかえている。日本障害者協議会（ＪＤ）の理事も15年。障害者と家族、関係者とみんなで、すべての人の社会づくりをめざす仕事は充実している。

＊

「幸せのものさし」は、たしかに北欧にある。

障害者の権利保障の羅針盤は、障害者権利条約実現のなかにある。

でも、戦争や紛争、移民、民族、宗教問題など、排除（エクスクルージョン）による世界の歴史がある。排除とは真逆の「インクルージョン」は地球規模での運動の課題だ。障害者問題の枠組みだけでなく、社会的背景、歴史、文化をまるごととらえたとりくみが必要だ。

そして、それぞれの幸せは、つながりのある個人にある。それぞれが生きている地域・町で、つながりを太らせながらつくりあげていくものだと思っている。

＊

本書作成にあたっては、北欧の旅の仲間であり、厳しい〝読者〟である妻・美智代や品川文雄発達保障研究センター理事長、中村尚子全障研副委員長にお世話になった。また毎回旅の総合コーディネーターをしてくれている深井聰夫さん、前著につづき素敵な表紙絵を提供いただいた深井せつ子さんご夫妻に感謝したい。

そして、全国事務局はじめわたしに関わるすべてのみなさん。「他者実現」とともにある「自己実現」をこれからもいっしょに実現していきましょう。

２０１５年　母の誕生日であるメーデーを前に

薗部英夫

薗部 英夫（そのべ　ひでお）

1956年群馬県生まれ。

1982年金沢大学教育学部卒業後、全国障害者問題研究会専従職員。85年より全国事務局長、2016年から副委員長。2001年より日本障害者協議会（JD）理事、2015年から副代表・情報通信委員長。NPO法人発達保障研究センター常務理事。障害者・患者9条の会世話人。

著書『北欧　考える旅』、編著『障害者と家族のためのインターネット入門』（全障研出版部）、『パソコンボランティア』（日本評論社）など

本書をお買い上げいただいた方で、視覚障害等により活字を読むことが困難な方のために、テキストデータを準備しています。ご希望の方は、全国障害者問題研究会出版部まで、お問い合わせください。

北欧＝幸せのものさし　－障害者権利条約のいきる町で－

2015年5月1日　第1版　第1刷発行
2025年8月9日　　　　　第3刷発行

著　者－薗部英夫
発行所－全国障害者問題研究会出版部
〒162-0801　東京都新宿区山吹町4-7 新宿山吹町ビル5F
TEL.03-6265-0193　FAX.03-6265-0194　www.nginet.or.jp
印刷所－ティーケー出版印刷

ISBN978-4-88134-375-3

全国障害者問題研究会の本

発達保障ってなに？　丸山啓史・河合隆平・品川文雄

発達のなかの煌めき　白石正久・白石恵理子

障害者の人権と発達　荒川　智・越野和之編

講座　発達保障への道①②③　田中昌人

発達保障を学ぶ　茂木俊彦